Passeport pour une Marche par l'esprit

Ou le voyage d'Indeed

Mikaël Réale

À tous ceux qui cherchent …

Illustration : The Mare Nostrum Project
© 2022 Mikaël REALE

Édition : BoD – Books on Demand, info@bod.fr
Impression : BoD – Books on Demand, In de Tarpen
42, Norderstedt (Allemagne)
Impression à la demande

ISBN : 978-2-3224-3861-7

Dépôt légal : Juillet 2022

Avant-Propos

Du plus loin que je me souvienne, j'ai toujours aimé voyager. Quand enfant, mes camarades voulaient devenir policiers, pompiers, ou faire comme papa, moi je voulais être marin de la marine marchande !

À l'âge de 9 ans, pour la première fois j'ai eu l'occasion de monter sur un voilier et là ce fut une révélation. J'étais fait pour ça, c'est ça que j'espérais faire de ma vie. À 16 ans je rencontrai le chanteur, écrivain et navigateur Antoine à Tahiti. J'avais déjà lu son livre « Bord à bord » et il était devenu mon héros. Je dévorai par la suite tous ses livres. Deux mois plus tard, en fugue, j'embarquai clandestinement sur un cargo français dans le port de Papeete, le Cézanne, sur lequel je parcourus 1250 kilomètres jusqu'à l'atoll de Mururoa avant d'être renvoyé chez mes parents dans un avion de l'armée.

Pendant les années qui suivirent, je voyageai seul, en stop, en avion, en bateau. Gagnant ma vie en chemin en jouant de la guitare dans les cafés et restaurants, je traversai toute l'Europe, puis les USA et enfin le Pacifique Sud sur un voilier de 14 mètres. Après bien des aventures, et des mésaventures, c'est en Nouvelle-Zélande que Dieu m'a rattrapé en 1984. (L'intégralité de ce témoignage est dans le livre de Mikaël : Poursuivi par ta Grâce).

C'est donc tout naturellement qu'en 1986, après nous être mariés, Cathy et moi sommes partis dans les Caraïbes sur un voilier que nous avions acheté en Martinique. Je ne pouvais envisager ma vie autrement qu'en voyageant, et de préférence sur un voilier ! Je refusais d'être l'un de ces terriens sédentaires coincés dans le « métro-boulot-dodo » !

Pourtant, un jour de l'été 1987, alors que nous étions, Cathy et moi, dans le nord du Québec, j'ai réalisé le prix que Christ avait payé à la croix, et je lui ai entièrement donné ma vie, plutôt que de l'inviter à y participer quand j'en avais besoin ou envie.

J'avais compris et accepté que Dieu voulait que je Lui confie mon destin, et pour cela, Il me demandait de lui offrir en sacrifice mon amour de la mer et des voyages.

Cela a sûrement été la chose la plus difficile à abandonner dans ma vie ! Si j'acceptai d'obéir immédiatement, il me fallut en fait plus de trois ans avant de véritablement lâcher prise dans mon cœur et dans ma tête.

Mais finalement, je me suis réveillé un matin avec une passion bien plus forte que celle de la mer. J'étais simplement passionné par le Royaume de Dieu !

Cathy et moi avons décidé de faire ensemble une école missionnaire, et de servir Dieu à plein temps. Nous avions deux petits garçons et l'idée d'ouvrir un centre d'accueil pour toxicomanes en Savoie. Je m'étais formé comme animateur de prévention, mais nous voulions compléter cela par une formation biblique pour ancrer ce projet dans une démarche spirituelle.

C'est donc avec beaucoup de surprise qu'en 1990, dans une convention chrétienne, j'ai senti que Dieu voulait m'envoyer dans le champ missionnaire. Dans un premier temps, je n'y ai pas cru et j'ai même résisté à l'idée. N'était-ce pas le diable qui essayait de me faire renoncer à mes bonnes résolutions ? N'avais-je pas obéi à Dieu en renonçant aux voyages ?

Ce n'est que cinq ans plus tard, dans le cadre de l'œuvre au sein de laquelle j'exerçais mon ministère, que je suis parti avec ma femme et mes trois enfants pour l'île de Madagascar.

Quelques mois avant notre départ, en février 1995, alors que j'avais décidé de prendre une semaine de jeûne et de prière, un frère de l'équipe vint prier avec moi. La présence de Dieu était particulièrement palpable ce jour-là et très vite une parole prophétique me fut donnée : « Puisque tu m'as fait confiance et que tu as accepté de me sacrifier ton Isaac, je te le rendrai un jour et tu me serviras avec ». Puis le frère d'ajouter : « Je te vois sur un voilier, et tu voyages pour amener le Royaume aux nations. Je ne sais si c'est important, mais je vois que c'est un bateau, dont le mât arrière et plus haut que le mât avant »…

Ce détail, qui peut paraître anodin, ne l'était pas. Quelques années avant, alors que je traversais le Pacifique Sud à la voile, j'avais dessiné le voilier que je rêvais de me construire. C'était une goélette, dont le mât arrière est plus haut que le mât avant… C'était comme un clin d'œil de Dieu pour me dire : c'est bien moi qui te parle.

Cependant, j'avais tellement abandonné à Dieu ma passion de la voile et des voyages que cette révélation fut accueillie avec foi, certes, mais sans excitation aucune. Je n'arrivais pas à faire le lien entre la voile et le ministère. Pour moi, le ministère avait pris bien plus d'intérêt que ma passion ancienne. Je mis de côté cette parole durant les 5 années qui suivirent.

Pour notre anniversaire de mariage en 2000, nous avions pris quelques jours de vacances à l'île Maurice depuis la Réunion. Les gens de l'assemblée nous avaient gardé les enfants et ces quatre jours nous avaient fait beaucoup de bien. Un soir, alors que nous nous promenions en bord de mer, je vis un voilier au mouillage et ce fut comme une révélation.

Je pouvais faire le lien entre la promesse de Dieu de me donner un voilier et le ministère pour lequel j'avais donné ma vie.

Je me sentais à l'étroit dans le pastorat d'une église locale, mais je ne me voyais pas voyager et vivre dans une paire de valises comme ministère itinérant. De plus, j'aime bâtir des relations en prenant mon temps avec les gens. Ce n'est guère possible quand on passe deux jours à visiter une église que l'on ne reverra plus pendant des mois ou des années.

Mais un bateau, c'était comme une maison qui nous suivrait et qui nous permettrait d'être chez soi tout en étant en voyage, et de pouvoir passer ainsi des semaines, voire des mois, dans un endroit, pour travailler au Royaume de Dieu, sans être entièrement déraciné à chaque fois.

Mais même si je pouvais maintenant comprendre le potentiel d'un bateau dans mon ministère, nous avions trois enfants entre 7 et 12 ans et je ne me voyais pas les embarquer dans ce genre de périple.

Deux ans plus tard, après des temps difficiles dans notre travail missionnaire, Dieu nous permit de prendre une année sabbatique en Angleterre. Nous étions en phase de restauration et la pensée même du ministère s'était bien éloignée de mon quotidien. Malgré cela, un soir dans une réunion de maison, deux personnes nous donnèrent des paroles prophétiques.

La première concernait le fait que Dieu nous avait conduits dans une baie abritée, après une tempête, afin de restaurer nos voiles et nos cordages. Dieu nous renverrait ensuite dans la mission…

La deuxième disait : « Mikaël et Cathy, Dieu vous a oints pour les îles, vous avez reçu cet appel pour répondre à ce verset d'Esaïe *"Car les îles espèrent en moi, et les navires de Tharsis sont en tête, pour ramener de loin tes enfants"*[1]. C'est là le champ de votre mission. C'est là que vous devez aller » !

Nous sommes en effet repartis en mission, mais pas dans les îles. Deux ans aux USA qui ne furent pas un temps très agréable en fait et sur lequel il y aurait beaucoup à dire, nous y reviendrons plus loin.

Puis nous sommes rentrés en France où nous avons implanté une église sur Toulon, au sein de laquelle nous avons travaillé jusqu'en 2015.

Après plusieurs années, nous étions épuisés et désabusés par ce travail pastoral. Nous sentions Cathy et moi que nous étions arrivés à la fin d'une saison, et qu'il nous faudrait bientôt repartir. Nous avions entrepris en janvier, comme tous les ans, un jeûne de Daniel afin d'entendre et comprendre la volonté de Dieu pour cette nouvelle année.

À la fin de ce jeûne, Dieu a pour ainsi dire réactivé la prophétie que j'avais reçue 20 ans auparavant concernant le voilier ! La femme de mon fils Maël qui vit en Australie nous avait appelés et dit : *« Papa, c'est le moment d'y aller ! Et Dieu va te donner un voilier pour cela »*.

J'ai alors été assailli par une vague de joie et de foi ! Nous sentions que, non seulement, nous devions entrer dans une nouvelle saison, pour notre vie, notre ministère… mais que la parole concernant le voilier donnée 20 ans plus tôt arrivait maintenant.

Comme me le faisait remarquer un ami à qui je partageais ce projet à l'époque : « C'est une nouvelle saison pour

---

[1] Esaïe 60.9

l'Église et pour ceux qui servent Dieu. Quand je pense à vous, j'ai toujours un petit regret, c'est que vous soyez trop sédentarisés. Alors que tu es un baroudeur ! Ensuite, des tas de ministères vont vraiment sortir de l'ordinaire en ces temps. Ils vont le faire par rapport à ce qu'ils sont vraiment et non par rapport au moule dans lequel on les presse d'entrer ».

Je réalisai, en l'écoutant, que ce projet, c'était vraiment nous ! Nous étions appelés à ça, nous étions doués pour cela, et nous avions offert nos vies à Dieu pour ça ! *« Fais de l'Éternel tes délices… Et Il te donnera ce que ton cœur désire ».* [2]

Il était clair que, comme d'habitude, nous étions prêts à tout lâcher pour suivre le Seigneur, mais pour faire quoi ? Et comment ?

---

[2] Psaume 37 : 4.

« Indeed »

Quand ma belle-fille en Australie nous avez donné cette parole, je me suis mis à rire et je me suis senti comme Sarah quand elle entendit l'annonce de sa future grossesse. « Un voilier ? Mais… je ne suis plus capable… et pour quoi faire ? La question de toute façon ne se posait pas. Nous n'avions pas un sou. Je vérifiai rapidement notre compte en banque et constatai l'évidence : j'avais la somme de 47 euros disponible !

Depuis notre départ pour Madagascar en 1995, Cathy et moi avions décidé de ne plus jamais avoir de dettes. Il était hors de question de demander un crédit pour l'achat d'un voilier.

Pourtant, plus le temps passait, plus la conviction grandissait en nous que nous étions face à notre destinée en Christ. Nous avons donc commencé à chercher un voilier.

Quelques jours plus tard, en regardant des annonces sur un site spécialisé, j'ai repéré un voilier de 9 mètres qui n'était pas très cher. J'ai appelé et pris rendez-vous pour le dimanche suivant.

Cathy et moi avons été convaincus au premier coup d'œil que c'était celui-ci que nous devions acheter. En rentrant à la maison, nous avons décidé de faire une offre, même si nous n'avions pas le premier sou.

Si, bien que largement en dessous du prix demandé, elle était acceptée, nous considérions être sur la bonne voie. Et elle le fut ! Restait à trouver le financement avant le samedi suivant, date à laquelle nous avions rendez-vous pour la transaction.

Le jeudi après-midi, alors que je désespérais de trouver une solution, j'ai reçu un appel d'un ami qui me demandait : « Tu n'aurais pas un nouveau projet en cours ? J'ai à cœur de le financer à une certaine hauteur ».

Il se trouve qu'il a couvert l'offre que nous avions faite au vendeur. Le samedi, nous étions propriétaires de « Indeed ».

Dans les mois qui suivirent, à chaque dépense, prévue ou imprévue, pour restaurer le bateau, puis pour entreprendre le voyage, il a été pourvu de la même façon miraculeuse.

Je ne ferai pas la liste de tous les miracles financiers et autre que nous avons vus pendant ces temps, car la liste en serait trop longue et ce n'est pas le propos. Mais une chose est sûre, comme le disait un ami : « Quand Dieu envoie, Il pourvoit » !

« Le vouloir & le faire »

Car c'est Dieu lui-même qui agit en vous, pour produire à la fois le vouloir et le faire conformément à son projet plein d'amour. [3]

Bon, on fait quoi avec un bateau de 9 mètres ?

J'ai toujours eu tendance à mettre mon « grain de sel » dans les plans de Dieu, et je suis sûr de ne pas être le seul dans ce cas. Pourtant, chez certains et chez moi en particulier, cette tendance est plus développée que chez d'autres. Alors bien sûr, après l'achat miraculeux du voilier, j'ai commencé à tirer des plans sur la comète !

Depuis plusieurs jours, quelque chose me trottait dans la tête quand je priais. « Commence par Israël ». Mais je ne voyais pas l'intérêt d'aller vers l'est avec le voilier.

Un endroit par contre m'attirait particulièrement parce que je savais pouvoir y faire beaucoup, autant dans le domaine humanitaire qu'évangélique : Haïti.

J'avais reçu plusieurs mois avant une invitation pour prêcher dans une église haïtienne de la République dominicaine, la partie hispanophone de l'île. Je m'y suis donc rendu avec l'intention de vérifier sur place les possibilités de missions pour nous.

J'étais dans un bus pour me rendre dans une petite ville de la côte sud de l'île, pour vérifier les démarches à faire pour venir avec le bateau et naviguer entre Haïti et la Dominique.

J'ai alors clairement senti une question se formuler dans mon cœur. Est-ce que je voulais continuer à prévoir et organiser mon voyage… ou est-ce que je voulais marcher dans

---

[3] Philippiens 2:13

le miraculeux de Dieu ? Seigneur, je veux marcher avec toi ! dis-je spontanément.

À ce moment-là je fus saisi d'une joie intense, surnaturelle. Je riais intérieurement ! Cela dura jusqu'à l'arrivée du bus dans la ville où je me rendais.

C'est alors qu'en sortant du bus, au milieu de la place j'ai vu un mât en haut duquel flottait le drapeau… d'Israël !

Peut-être y avait-il une raison rationnelle que le drapeau d'Israël flotte sur la place centrale d'une petite ville de la République dominicaine, c'était certainement le cas ! Mais pour moi ce fut véritablement un signe que Dieu m'envoyait.

 Rentré en France 10 jours plus tard, ma conviction était faite. Avant d'aller où que ce soit, nous commencerions par nous rendre en Israël avec notre bateau. Pour y faire quoi ? Je ne le savais toujours pas, mais Dieu me le dirait bien à temps !

Cathy a été particulièrement contente de ce changement de programme, car elle ne se voyait pas traverser l'Atlantique sur un voilier de 9 mètres.

Une amie, responsable de notre assemblée, eut aussi la conviction que c'était ce que Dieu attendait de nous.

Plus nous partagions ce projet avec les gens, plus une idée générale en ressortait. C'était comme si à chaque conversation, Dieu ajoutait une pièce du Puzzle au travers des gens avec qui nous parlions. Les uns avaient une idée, d'autres une parole, d'autres nous demandaient : « Et si vous visitiez un tel à Jéricho, une telle à Tel-Aviv… ».

Peu à peu un plan a pris forme dans nos cœurs : nous devions faire tout comme l'apôtre Paul une offrande de l'église des nations à l'église messianique en Israël.

Des intuitions, des occasions…
Et parfois des révélations !

Beaucoup de gens imaginent que si un ange de trois mètres de haut avec des ailes en or n'apparaît pas devant eux, alors, ce n'est pas la volonté de Dieu qui est exprimée. Pourtant, nous pouvons voir dans la bible que Dieu parle tantôt dans la tempête, tantôt dans un doux murmure, et parfois même en se taisant.

Des intuitions :
« Il m'a semblé bon… »

On entend souvent dans les milieux évangéliques l'expression : « J'ai à cœur ». Je me souviens d'un jour, quand j'étais jeune chrétien, où j'avais expliqué à mon pasteur que j'avais à cœur de former une équipe avec les ados de l'assemblée pour faire de l'évangélisation dans les rues.

Nous venions de terminer l'école biblique avec Cathy et nous avions envie de servir. Il me dit alors :

– Encore un qui est victime du « Jack's syndrome ».

Devant ma mine ahurie, il me dit :

– Bon. J'ai à cœur ceci, j'ai à cœur cela, j'ai à cœur : JAC… Avec Dieu on n'a pas à cœur ! On entend sa voix et on obéit.

J'étais reparti tout penaud, ne sachant pas quoi penser et surtout quoi faire de mon « envie » de servir.

Il est pourtant intéressant de noter comment Luc introduit son Évangile : *"Il m'a semblé bon, après avoir fait des recherches exactes sur toutes ces choses depuis leur origine, de te les exposer par écrit d'une manière suivie, excellent Théophile, afin que tu reconnaisses la certitude des enseignements que tu as reçus.* [4]

Il semblerait que l'un des quatre évangiles ait été écrit non sur la base d'une révélation, mais bel et bien sur celle d'une intuition !

On aurait tendance à imaginer que si Dieu a conduit Luc à écrire ce récit de l'évangile, qui figure dans le canon des livres inspirés et reconnus par l'ensemble du monde chrétien, ce dernier aurait dû avoir « au moins » une vision, si ce n'est l'apparition d'un ange.

Et bien non ! Dieu a inspiré Luc en lui mettant à cœur une intuition assez banale. Ce serait plutôt bien que tu fasses un résumé de la vie de mon fils ici-bas.

Cette impression a dû, évidemment faire son chemin au milieu des pensées du médecin grec, et certainement être confirmée par d'autres. Néanmoins, au départ il s'agissait bien d'une idée.

J'imagine parfois Luc en train de discuter avec Paul quelques jours après le naufrage à Malte.

— Tu sais Paul, cette fois-ci on a bien failli y rester.

— Tu exagères, je vous avais dit que ça allait bien se passer.

---

[4] (Luc 1 : 3-4).

— En tout cas ça m'a donné une idée. Il ne faudrait pas que nous mourions sans laisser une trace écrite de tout ce qui s'est passé quand Jésus était avec nous ici-bas. Et puis aussi, un jour, pourquoi pas, raconter ce qui s'est passé après, avec Pierre, et aussi avec Étienne, et pourquoi pas une "saga" de tes voyages. On appellerait ça les aventures de Paul & Timothée…

— Bon, Luc, là tu délires ! D'abord ce titre ! Pierre et les autres ne vont pas apprécier, et de toute façon, je ne suis même pas sûr qu'ils lisent les lettres que je leur envoie" !

Des sentiments très simples au départ peuvent s'avérer une directive du Seigneur. Nous laisserions-nous aller à croire que Luc aussi souffrait du *« Jack's syndrome »* ?

Pendant une grande partie de ma vie chrétienne, j'ai voulu rejeter les intuitions. Les considérant souvent comme trop charnelles, si ce n'est « occultes », je m'en méfiais.

Pourtant il arrivait que celles-ci deviennent tellement persistantes que je ne pouvais plus les ignorer.

Alors bien sûr, on ne peut pas partir sur les chapeaux de roues à la première idée qui nous passe par la tête. Cependant, j'ai appris avec le temps à discerner dans le brouhaha de mes pensées celles qui sont dignes d'intérêt et à les approfondir.

Cela a parfois été le commencement de grandes aventures avec le Seigneur.

Nous pouvons voir ce principe énoncé dans la définition même du mot intuition :

« Connaissance directe et immédiate d'une vérité qui se présente à la pensée avec la clarté d'une évidence, qui servira de principe et de fondement au raisonnement discursif »[5].

Il est intéressant de noter ce qu'en disait Henri Poincaré : *« C'est avec la logique que nous prouvons, mais avec l'intuition que nous trouvons »[6].*

Il me semble que c'est souvent la façon dont Dieu use pour nous conduire.

Nous avons l'intuition qu'Il attend de nous quelque chose. À partir de là nous cherchons la « preuve » que notre intuition est fondée.

Le danger vient de ce que l'on se met parfois en marche sur une intuition sans vraiment avoir réfléchi à tous les aspects. Mais si l'on se donne la peine de faire deux ou trois vérifications basiques comme :

1. Est-ce bien biblique [7] ?

2. Est-ce que ça correspond à ce que Dieu dirait [8] ?

3. Est-ce que ça va dans le sens de ce que Dieu m'a déjà demandé ?

Pour le point numéro un, cela ne devrait pas prendre beaucoup de temps si vous êtes un lecteur assidu de la Bible.

---

[5] Dictionnaire Français en ligne.

[6] Mathématicien, philosophe, physicien et ingénieur français, Henri Poincaré (1854-1912) est considéré comme l'un des derniers grands savants universels. Grand vulgarisateur scientifique, il a accordé une place de choix à l'intuition. Elle est pour lui celle qui permet la création et l'invention en mathématiques.

[7] Dans son sens intégral et non dans le sens légaliste.

[8] Dans le sens du caractère de Dieu

Pour le second, il en va de même, mais demande que votre relation avec Dieu vous permette de reconnaître sa voix.

« Mes brebis écoutent ma voix, je les connais et elles me suivent »[9].

Trop de gens aujourd'hui connaissent beaucoup de choses au sujet de Dieu sans le connaître véritablement en personne. Ils deviennent vite des « accusateurs » quand vous leur parlez de votre désir de faire quelque chose pour Dieu.

Enfin, pour le troisième point, je voudrais vous dire que je n'adore pas une girouette.

J'ai vu si souvent, quand j'étais pasteur, des gens qui venaient me voir tous les 15 jours en commençant systématiquement la conversation par un tonitruant « Dieu m'a dit » !

Le problème, c'est qu'il semblait que Dieu avait changé d'avis d'une fois sur l'autre.

Je pense à un homme en particulier à qui Dieu « avait dit » que telle jeune fille était la femme qui lui était destinée par le Seigneur, puis ce fut une autre et après encore une autre qu'il finit par épouser.

Par la suite, Dieu lui demandait de quitter notre ville pour une autre, puis 6 mois plus tard Il lui demandait de revenir au point de départ pour ensuite le renvoyer de nouveau quelques mois après… et à chaque fois il y allait d'un : « Dieu m'a dit » !

Le problème, c'est que Dieu n'est pas comme ça du tout. Voici comment lui-même se définit dans sa parole *« Dieu n'est point un homme pour mentir, ni fils d'un homme pour se repentir.*

---

[9] Jean 10 : 27

Ce qu'il a dit, ne le fera-t-il pas ? Ce qu'il a déclaré, ne l'exécutera-t-il pas » ? [10]

De la même façon, Paul nous explique : *« Car Dieu ne se repent pas de ses dons et de son appel »*.[11]

Il faut que les chrétiens arrêtent de croire que chaque matin Dieu se réveille, vous voit, et se demande ce qu'il va bien pouvoir faire de vous aujourd'hui !

Dieu a non seulement un plan bien précis pour vous, mais en plus il vous a donné dès le départ tout le nécessaire pour que vous puissiez le réaliser.

« Car moi je connais les projets que j'ai conçus en votre faveur, déclare l'Éternel : ce sont des projets de paix et non de malheur, afin de vous assurer un avenir plein d'espérance ». [12]

« Avant de t'avoir formé dans le sein de ta mère, je t'ai choisi ; et avant ta naissance, je t'ai consacré : je t'ai établi prophète pour les nations ». [13]

Il n'y a pas de hasard avec Dieu. Avant même la fondation du monde, Il avait déjà préparé un plan pour la rédemption de l'humanité. Il a un plan pour chaque être humain un plan A, un plan B, un plan…

Pour savoir maintenant si une intuition vient de Dieu ou pas, l'un des points qui attirent toujours mon attention est la persistance de cette intuition.

J'ai des dizaines d'idées qui me passent par la tête chaque jour. Ça va ça vient… mais parfois une idée ne me quitte pas. Je m'endors avec le soir et je me réveille avec le matin !

---

[10] Nombre 23 : 19
[11] Romain 11 :29
[12] Jérémie 29 : 11
[13] Jérémie 1 : 5

Cela dure souvent jusqu'à ce que je décide d'y prêter plus d'attention. Ce n'est pas forcément une idée « inspirée », mais on se doit de le vérifier.

Quand j'avais 15 ans, j'ai commencé à enseigner la voile dans le club où ma mère était secrétaire. J'ai découvert que j'avais un don pour expliquer les choses aux gens et qu'en plus, j'aimais ça ! Quelques années plus tard, je donnais des cours de français en Nouvelle-Zélande et je me régalais à le faire aussi.

Dès que je me suis converti, j'ai commencé à partager la parole de Dieu, ce qui faisait dire à beaucoup que j'étais un évangéliste. En fait, j'aimais faire comprendre aux gens ce que disait la bible et comment cela pouvait impacter notre vie. J'ai toujours aimé partager avec les gens ce qui me passionne.

Je suis devenu moniteur de voile et de plongée, formateur d'animateur, de directeur de colos… puis formateur en FLE (Français Langue Étrangère), etc. et tout le monde s'accorde à dire que je suis doué pour enseigner.

En 1991, quand nous étions à l'école biblique, un ministère prophétique me donna une parole sur ce que Dieu m'appelait à faire : Enseigner la parole de foi et de grâce du Seigneur et lever une armée au sein de son peuple.

5 ans plus tard, je rencontrai de nouveau ce ministère à une conférence. Nous ne nous connaissions pas et ne nous étions pas revus depuis l'école, mais quand il se mit à prophétiser de nouveau pour moi, il commença par répéter la dernière phrase de la prophétie donnée à l'école biblique 5 ans auparavant.

Aujourd'hui encore, mon ministère est basé sur les dons que Dieu m'a donnés depuis le sein de ma mère et sur les thèmes que ce ministère avait prophétisés. Je me régale à enseigner, à travers mes livres, dans des écoles bibliques, dans mes relations avec les chrétiens que je côtoie, ou encore dans les cours de français que je donne ou dans le cadre de mon monitorat de plongée.

Est-ce que mon ministère a évolué ? Bien sûr ! Mais tout au long des années, j'ai vu et revu ce fil conducteur présider aux choix que nous faisons pour notre ministère et notre famille.

Dieu est le même éternellement, il ne varie pas il ne se repent pas de ses appels et il persévère jusqu'à que vous entriez dans votre destinée.

S'il arrive parfois que Dieu nous demande de prendre un virage à 180°, c'est souvent parce que nous nous étions trompés en première instance. Mais quand cela arrive en permanence, c'est que nous avons un problème pour discerner ce que Dieu nous dit exactement. Ou encore parce que nous n'en faisons qu'à notre tête tout en voulant marquer du sceau divin ce que nous entreprenons.

Des occasions :
« Dis, tu pourrais faire ça pour moi… »

D'un autre côté, j'ai souvent vu des gens qui, sous prétexte de ne pas avoir entendu Dieu clairement leur indiquer la direction à prendre., ne faisaient… rien ! Tu comprends, j'ai tellement peur de me tromper, de faire quelque chose qui n'est pas le plan de Dieu pour moi !

Le problème dans ce raisonnement, c'est qu'il conduit à l'immobilisme.

Un jour, mon pasteur m'a appelé à 9 heures du soir. Nous nous étions disputés quelques jours auparavant et je pensais qu'il revenait à la charge. En fait, il avait besoin d'un service. Ses enfants arrivaient à Valence trop tard pour prendre le dernier train pour Chambéry, il avait des obligations tôt le lendemain et me demandait si je pouvais aller les chercher. Il fallait que je parte vers 10 heures et je ne serais pas de retour avant 2 heures du matin !

Bon, il est clair que je n'avais ni envie de lui faire plaisir, ni de me coucher à 2 heures du matin. Mais je savais que c'était une bonne chose d'accepter. Je lui ai donc dit oui. Je me suis habillé et j'ai fait 4 heures 30 de route au milieu de la nuit.

Je n'attendais rien de particulier, je n'avais pas reçu de le faire, en fait, je ne m'étais même pas posé la question. C'était juste une bonne action et il n'y avait pas besoin de révélation pour ça !

Je suis d'une génération qui a appris à conduire dans des voitures qui n'étaient pas équipées de direction assistée. Je ne vous explique pas les créneaux ! La première fois que j'ai dû en faire un, j'ai dû gagner un centimètre de tour de biceps !

Et puis le moniteur d'auto-école m'a expliqué que si j'embrayais doucement et que la voiture commençait à avancer, la direction serait alors beaucoup plus légère et que je ne ferais plus de mes manœuvres des séances d'haltérophilie !

J'utilise depuis cette histoire pour dire aux gens que s'ils veulent être conduits par Dieu dans leur vie, il faut qu'ils se mettent en mouvement.

La bible nous parle de ce principe à différentes occasions. Tout d'abord quand elle nous recommande la chose suivante : *« Tout ce que ta main trouve à faire avec ta force, fais-le ; car il n'y a ni œuvre, ni pensée, ni science, ni sagesse, dans le séjour des morts, où tu vas ».*[14]

Autrement dit, quand tu seras mort, ce sera trop tard pour ça ! Fais donc le bien quand tu le peux.

Je partageais ça avec un ami qui me disait que c'était un principe de l'Ancien Testament qui n'était pas forcément transposable dans le nouveau, puisqu'aujourd'hui nous avons tous l'Esprit de Dieu en nous. Je crois au contraire que le Saint-Esprit en nous fait de ce verset d'Ecclésiaste quelque chose d'autant plus d'actualité.

En effet, une bonne chose se présente, raison de plus pour la faire. Et si pour un motif ou un autre cette chose n'est pas aussi bonne qu'elle ne le paraît, alors le Saint-Esprit en moi me préviendra.

---

[14] Ecclesiastes 9:10

C'est exactement le principe qui animait Paul dans ses voyages missionnaires en règle générale.

Lison ensemble ce passage qui est très instructif quant à la façon dont Paul était conduit.

*« Paul **désira** le prendre avec lui. Il l'emmena donc et le fit circoncire par égard pour les Juifs qui habitaient dans ces régions et qui savaient tous que son père était Grec.*

*Dans toutes les villes où ils passaient, ils communiquaient aux frères **les décisions prises par les apôtres et les responsables de l'Église** de Jérusalem, en leur demandant de s'y conformer. Et les Églises s'affermissaient dans la foi et voyaient augmenter chaque jour le nombre de leurs membres.*

*Ils traversèrent la Galatie phrygienne parce que **le Saint-Esprit les avait empêchés** d'annoncer la Parole dans la province d'Asie. Parvenus près de la Mysie, ils se proposaient d'aller en Bithynie ; **mais, là encore, l'Esprit de Jésus s'opposa à leur projet.** Ils traversèrent donc la Mysie et descendirent au port de Troas. Là, Paul eut une vision au cours de la nuit : un Macédonien se tenait devant lui et le suppliait : viens en Macédoine et secours-nous !*

À la suite de cette vision de Paul, *nous avons aussitôt cherché à nous rendre en Macédoine, car nous avions la certitude que Dieu lui-même nous appelait à y prêcher la Bonne Nouvelle ».*[15]

J'ai mis en gras un certain nombre de passages dans ce texte. Le premier est un mot qui fait souvent assez peur aux chrétiens.

---

[15] Actes 16 : 3-10

Désirer.

*Paul **désira** le prendre avec lui.* En autre terme, Paul a eu envie d'intégrer Timothée à son équipe. Il n'est pas dit qu'il a reçu de…

Donc, il a agi sur une « envie ». Et comme son « envie » impliquait des complications à son travail missionnaire, *le fît circoncire par égard pour les Juifs…*

J'avoue ne jamais avoir eu le courage de ne fonctionner que sur « une envie » et de demander à des gens de se faire circoncire pour m'accompagner parce que j'ai « envie » de travailler avec eux ! Mais on peut comprendre à travers cette histoire que nos désirs ne sont pas systématiquement opposés à la volonté de Dieu.

Le problème vient d'un verset sorti de son contexte et qui a manipulé des générations de chrétiens. *« Car la chair a des désirs contraires à ceux de l'Esprit, et l'Esprit en a de contraires à ceux de la chair ; ils sont opposés entre eux, afin que vous ne fassiez point ce que vous voudriez ».* [16]

S'il est vrai que *la chair a des désirs contraires à ceux de l'Esprit,* tous nos désirs n'en sont pas issus. Dans l'inconscient, chair et désirs sont tellement liés que nous ne savons plus faire le distinguo. C'est oublier que la bible nous parle aussi de désirs légitimes que Dieu aime honorer. Lisons :

- *« Ce que le méchant redoute lui arrive, mais ce que le juste désire lui sera accordé ».* [17]

---

[16] Galates 5:17
[17] Proverbs 10:24

- « Je demande à l'Éternel une chose, que je désire ardemment : je voudrais habiter toute ma vie dans la maison de l'Éternel ». [18]

- « Fais de l'Éternel tes délices et il te donnera ce que ton cœur désire ». [19]

- « Car je désire vous voir, pour vous communiquer quelque don spirituel, afin que vous soyez affermis [20] ».

Se soumettre

Nous voyons ensuite que Paul était aussi conduit par des décisions prises par d'autres personnes à qui il se soumettait quand *ils communiquaient aux frères* **les décisions prises par les apôtres et les responsables de l'Église** de *Jérusalem…*

Se soumettre à des directives données par des gens qui agissent dans leur sphère d'autorité fait partie intégrante d'être conduit par l'Esprit.

Je ne parle pas ici d'obéir à tout ce que disent les gens en position d'autorité. Là encore, le Saint-Esprit en nous doit donner son approbation, mais à priori, nous devons nous soumettre aux gens que Dieu a placés en position d'autorité dans une sphère donnée.

Je me souviens d'une réunion de louange et d'adoration dans l'assemblée dont j'étais le pasteur. Dans un moment particulier où le ciel semblait s'ouvrir, j'ai demandé à tous de se lever pour accueillir le Seigneur qui faisait son entrée triomphante au milieu de nous.

---

[18] Psaume 27 : 4
[19] Psaume 37 : 4
[20] Romains 1 : 11

L'un des Anciens de l'église, assis au premier rang, a décidé de rester assis. De plus il arborait une posture renfrognée, les bras croisés il me toisait. À ce moment j'ai senti, et plusieurs avec moi, l'Esprit quitter notre réunion.

À la fin du culte, j'ai décidé de discuter de cela avec cet Ancien.

— Pourquoi as-tu eu cette attitude ?

— Parce que je n'ai pas reçu de me lever, tu dis toujours que dans la louange, on peut se lever, rester assis, se prosterner, que cela ne regarde que nous. Donc je suis resté assis.

— Oui, c'est en effet ce que je dis en général, mais là nous avions une directive particulière du Saint-Esprit.

— Moi, je ne l'ai pas reçue.

Cet Ancien, en règle générale, avait beaucoup de respect pour moi. Il me considérait comme son pasteur et me soutenait dans mon travail, mais là, il se trompait.

Il pensait que suivre une directive dans le culte sans l'avoir reçue personnellement n'était pas être conduit par l'Esprit, mais par un homme. Son attitude avait créé de la division et avait attristé l'Esprit de Dieu.

Quand nous décidons de participer à une action commune quelle qu'elle soit, un culte, une évangélisation, la restauration d'un bâtiment… nous devons accepter de nous soumettre à la personne que Dieu a placée en autorité dans ce contexte.

Ce n'est pas une soumission aveugle et totale. Si la chose demandée va à l'encontre d'une conviction profonde, qu'elle vous engage dans une voie inacceptable, etc., alors ne vous y soumettez pas, et quittez le lieu.

Mais se lever pour accueillir Jésus n'entre pas dans cette catégorie…

Empêché par L'Esprit

… parce que **le Saint-Esprit les avait empêchés** *d'annoncer la Parole…*

Dieu est amour et il ne laissera pas ses enfants aller au mur et encore moins s'y fracasser ! Il m'a fallu longtemps, trop longtemps peut-être, pour comprendre cela.

Je me souviens de l'époque du « vin nouveau », quand avec d'autres responsables nous cherchions à comprendre et à expliquer le phénomène. Était-ce bien de Dieu ? Et si c'était occulte ? Comment faire pour gérer la chose ?

Le responsable de l'œuvre à l'époque nous dit une chose très vraie : « Nous aimons sincèrement Dieu et si nous nous mettons en danger par ignorance, Dieu nous protègera et nous sortira de là. Je préfère que le feu descende sur l'église, quitte à devoir étendre quelque incendie aux rideaux, que de vivre dans une église sans feu ».

Paul prenait des risques parfois inconsidérés, nous le verrons plus tard. Mais Dieu connaissait son cœur et quand l'équipe missionnaire se trompait, l'Esprit saint les empêchait de se fourvoyer.

« Non, jamais il ne dort, jamais il ne sommeille, le gardien d'Israël. L'Éternel sera ton gardien, l'Éternel est à ton côté comme une ombre qui te protège, et, durant le jour, le soleil ne te causera aucun mal ni, au cours de la nuit, la lune. Oui, l'Éternel te gardera de tout malheur : il gardera ta vie. L'Éternel veillera sur toi de ton départ à ton retour, dès maintenant et à jamais ». [21]

---

[21] Psaume 121 : 4-8

Il est clair que le désir de Paul et de ses compagnons était de servir le Père dans tout ce qu'Il leur demanderait. Rien n'avait plus d'importance à leurs yeux que de faire « Sa » volonté. Ils étaient animés par le même désir que Christ lui-même. *« O Père, si tu le veux, écarte de moi cette coupe ! Toutefois, que ta volonté soit faite, et non la mienne ».*[22]

C'est là, la clef d'une vie conduite par l'Esprit. Le vouloir vraiment. Si votre désir est de faire uniquement la volonté du Père, vous pouvez entreprendre toute bonne œuvre, et il vous aidera ou vous en empêchera selon son plan.

Cela ne signifie pas qu'il ne faille pas chercher la volonté de Dieu avant de se mettre en marche ni que parfois une révélation vienne vous dire de faire les choses à faire.

---

[22] Luc 22 : 42

Et parfois des révélations :

« … l'Éternel, n'accomplit rien sans avoir d'abord révélé ses plans à ses serviteurs, les prophètes. »[23]

Recevoir une visitation

*… **À la suite de cette vision de Paul,** nous avons aussitôt cherché à nous rendre en Macédoine.*

Il est clair que Dieu ne va pas se contenter de vous rediriger à chaque fois que vous partez dans une mauvaise direction. Comme nous le voyons dans l'histoire de Paul et de son équipe, Il va se révéler de façon surnaturelle à ceux qui veulent le servir avec un cœur vrai. En effet, il y a des fois où nous pouvons dire : « Dieu m'a dit, ou Dieu m'a montré ».

Vouloir vivre notre christianisme sans révélation reviendrait à conduire au hasard sur des routes de campagne inconnues en nous fiant uniquement à notre instinct pour trouver notre destination. Vous allez peut-être y arriver, mais vous risquez d'être en retard, très en retard !

Pour ma part je ne veux pas être en retard dans le plan de Dieu.

Une autre chose à noter dans cette histoire, c'est que l'équipe de Paul n'a pas hésité à se mettre en marche sur la vision d'un autre. Ils avaient confiance en lui et savaient que Paul était dans sa sphère d'autorité. Alors ils se sont mis en marche avec lui.

---

[23] Amos 3 : 7

Une vision pour la Méditerranée

À quelques semaines du départ de Toulon pour Israël, nous avons été invités à prêcher dans une église de Marseille. Pendant le temps de louange, un verset a commencé à remplir mes pensées. *« Les premiers seront les derniers… »*[24].

Je me demandais si Dieu voulait que je change le message que j'avais prévu de partager. Cela m'arrive souvent à la dernière minute, mais ce jour-là ce n'était pas le cas. À la fin du temps de louange, je prêchai donc mon message puis je fis un appel pour prier pour les gens. Alors que je priais pour une jeune femme qui me partageait qu'elle se sentait appelée à être missionnaire à Monaco, j'ai eu une vision impressionnante.

C'est comme si j'avais été transporté devant l'écran géant de ces cinémas 3D IMAX sur lequel je voyais des images atroces. Des migrants qui se noyaient par centaines à cause de la méchanceté de trafiquants et la posture des pays qui pourraient les accueillir. La prostitution et la drogue sur les côtes de la Méditerranée, l'Islam radical de Daesh en Syrie qui assassinait des milliers d'innocents, la Grèce déchirée par Mammon qui créait une pauvreté sans précédent, l'esprit religieux mêlé à la franc-maçonnerie et à la superstition qui accablait les gens… tout cela passait devant mes yeux alors que j'entendais encore et encore : *« Les premiers seront les derniers… »*

Soudain, le calme se fit et les images disparurent. Je voyais la Méditerranée depuis le dessus et le Seigneur me dit : « *Les premiers seront les derniers, le bassin Méditerranéen a été le*

---

[24] Matthieu 20 : 16

premier lieu de l'expansion de mon Royaume, mais il est devenu l'endroit le plus fermé qui soit. Satan s'y déchaîne, il y place ses troupes, car il sait que le grand réveil vient. Comme la Méditerranée a été la première, elle sera aussi la dernière. Et à l'apogée de ce réveil, ma maison dira enfin : béni soit celui qui vient de la part du Seigneur…[25]

Je veux que tu m'ouvres un chemin spirituel à travers la Méditerranée, depuis la France jusqu'en Israël ».

Bon, c'est là que je vous ai perdus ??? Vous devez vous dire que je délire, que j'ai halluciné ou que je mens. Ou bien vous vous dites que Dieu est *le même, hier, aujourd'hui et éternellement.*

Dieu n'a pas cessé de parler, comme le prétendent certains, le jour où toute la bible a été écrite. Pas plus qu'il n'a décidé de ne plus respecter son engagement d'accompagner par des signes, des prodiges, le parler en langues, les prophéties, les paroles de sagesse et de connaissance… tous ceux qui ont cru ! Bien au contraire, le nombre de ceux-ci croissant, il y a de plus en plus de gens qui sont à même de manifester ces choses.

Alors non ! Je n'ai pas besoin de la visitation d'un ange pour me mettre en marche pour servir Dieu (bien que parfois…), mais pour certaines choses qui dépassent notre cadre personnel, nous avons besoin de telle visitation.

À chaque tournant important de ma vie, Dieu m'a visité d'une façon surnaturelle.

Pour ma conversion par exemple. J'étais couché dans ma chambre en Nouvelle-Zélande quand j'ai senti à mes côtés une présence horrible. Une sorte de monstre me semblait tapi là, dans le noir, prêt à bondir sur moi. C'était tellement réel que, comme un enfant qui a peur, je me suis caché la

---

[25] Matthieu 23 : 39

tête sous les draps ! Mais je me suis aperçu que cette présence était avec moi dans le lit et ceci pour une bonne raison : cette chose horrible, c'était moi ! Je me suis senti si sale, si abîmé, si vide. Où était donc passée ma belle justice ? J'ai alors été rempli d'une telle angoisse que j'ai crié à Dieu :

« Écoute ! Je ne sais pas si tu existes, je ne sais pas si tu t'appelles vraiment Jésus, mais si tout ce qu'ils disent sur toi est vrai, fais quelque chose pour moi tout de suite ! »

Je fus alors inondé d'une paix que je n'avais jamais connue, toute trace d'angoisse avait disparu et le vide que je venais de vivre au plus profond de moi était comblé par une sorte d'enthousiasme quant à la vie.

Un an plus tard, quand je fus baptisé dans le Saint-Esprit. Tout avait commencé par le besoin brûlant (une intuition) d'aller voir des amis qui vivaient dans la montagne à quinze kilomètres de Draguignan. Il était deux heures de l'après-midi et je suis parti en « stop », après les avoir avertis de mon arrivée. À la sortie de la ville, alors que je tendais mon pouce à la voiture qui se présentait, j'entendis une voix qui me dit de marcher et de prier. La première chose qui me vint à l'esprit fut la chaleur de ce début de printemps et les quinze kilomètres qui me séparaient de mes amis quand soudain, je me suis demandé qui venait de me parler ! Je me suis mis en marche, comprenant que quelque chose de particulier était en train de se passer. J'ai prié en marchant sur le bord de cette route sans ressentir la moindre fatigue. Plus les kilomètres passaient, plus je ressentais la présence de Dieu et plus j'allongeais le pas. J'avais vraiment la sensation de partager mon cœur avec Dieu comme je l'aurais fait avec un ami attentif.

En arrivant au Col de Montferrat, j'ai dû soudain m'arrêter.

Le soleil couchant embrasait tout l'horizon, mais un plus grand feu brûlait en moi. Je sentais Dieu tout près. Cette incroyable expérience dura environ dix minutes et j'entendis de nouveau la voix me dire : « Va » !

Quand j'ai décidé, un an plus tard, de servir Dieu. C'est alors que, pour la première fois de ma vie, j'ai fait un songe inspiré par le Saint-Esprit.

J'étais dans une de ces immenses plaines des USA, le soleil se couchant dans le lointain comme sur une affiche de cinéma. J'y étais entouré d'une foule de gens qui m'acclamaient et me portaient en triomphe, car j'allais mourir pour eux.

Nous marchions au milieu de chants de victoire vers une sorte d'immense échafaudage, haut de plusieurs centaines de mètres et qui s'élançait vers le ciel d'une façon incongrue dans un tel paysage. J'ai compris soudain que c'était là l'outil de ma mort prochaine et j'en ai été quelque peu angoissé.

Mais les chants autour de moi et la confiance de tous ces gens ont chassé très vite ce sentiment. Bientôt, nous sommes arrivés au pied de l'édifice qui était constitué de tubes métalliques et de planches de bois entre lesquels montait un escalier en colimaçon. Parmi les milliers de personnes qui m'accompagnaient, une centaine commença à gravir les marches avec moi alors que les autres continuaient de chanter et de m'acclamer.

Nous avons atteint rapidement le premier étage. Les chants de la foule montaient jusqu'à nous et je ressentais une certaine fierté devant ces acclamations. Après un moment, je recommençai à grimper vers le deuxième étage, mais, l'échafaudage se rétrécissant, nous n'étions plus qu'une petite quinzaine à monter.

Peu à peu, avec l'altitude, les bruits de la foule s'estompaient. En arrivant à la seconde plate-forme, nous n'entendions plus rien. Certains qui m'avaient accompagné commençaient déjà à redescendre. Les autres qui étaient à mes côtés m'ont encouragé une dernière fois avant de repartir à leur tour et j'ai repris mon ascension, seul. Après les premières marches, un doute m'a assailli ! Je me retournai, mais plus personne n'était présent. J'étais seul à présent pour avancer vers ma propre mort. Mais pourquoi tout cela, pourquoi devais-je mourir pour ces gens que je ne connaissais même pas ? Chaque pas m'apportait un flot d'angoisses et chaque marche me semblait une montagne. Une peur atroce m'avait envahi, je me mis à pleurer, puis à hurler… et je me suis réveillé en nage !

J'ai compris immédiatement que ce que je venais de vivre était, de façon imagée, le tout début de la passion de Christ. Juste quelques minutes des quelque vingt heures de cette passion. Je commençais à saisir le prix que Jésus avait volontairement accepté de payer pour moi.

Cette expérience surnaturelle m'a fait comprendre que ma vie ne m'appartiendrait plus jamais, il avait largement payé pour qu'elle soit sienne !

Il en a été de même lorsqu'il m'a envoyé en mission à Madagascar, puis à la Réunion. Puis quand il m'a demandé de réformer ma façon d'appréhender le ministère qu'Il m'avait confié.

Alors non, je n'entends pas Dieu me parler aussi directement tous les jours. J'ai même tendance à me méfier des gens qui se targuent de « tailler une bavette » avec le Seigneur tous les matins et ont des « Dieu m'a dit » plein la bouche.

Mais vous conviendrez qu'il me serait impossible de croire que Dieu ait décidé de ne plus parler puisque nous avons la bible Louis Second à notre disposition !

« Le grand voyage »

De galères en tempêtes.

« Il est totalement irresponsable de proclamer la victoire de Christ, comme le font tant de chrétiens, un peu comme un mantra, un principe d'autosuggestion, comme si tout allait se faire tout seul, sans livrer de combat de la foi. On ne gagne pas seulement parce que l'on est chrétien ou baptisé du Saint-Esprit, mais dans la mesure où l'on apprend à utiliser les armes de Dieu. » [26]

Quand j'ai lu ceci dans un post de mon ami Claude Payan, j'ai souri en pensant combien ceci est vrai et devrait être systématiquement enseigné dans les églises.

Combien de fois ai-je entendu des gens expliquant qu'avec Jésus, tout allait s'arranger comme par magie ? Que finir nos prières par « au nom de Jésus », une sorte d'« Abracadabra chrétien », nous garantissait victoire, bonheur et prospérité ! Je sais que cette dernière phrase risque de faire monter aux créneaux beaucoup de chrétiens. Comment ose-t-il ? De quel droit compare-t-il le nom sacré du Seigneur à une formule magique ? diront-ils !

C'est souvent ce que le monde évangélique a fait !

---

[26] Claude Payan dans la série "Oui, mais... Il le permet", Résister à l'accusateur ! Facebook de CJP Exhortation Mai 2022

J'ai vu ce nom utilisé si souvent comme une ponctuation de fin de prière… au nom de Jésus, amen ! Autrement dit : « J'ai fini, au suivant ».

Parfois, c'est comme un mantra (Jésus, Jésus, Jésus…) comme si quelque dans ces 5 lettres avait un pouvoir magique. Abracadabra et tout ira…

Si nous avons vu un nombre impressionnant de miracles dans les mois qui suivirent l'achat du voilier et que tout semblait marcher sur des roulettes jusqu'au jour du départ pour la Corse, la bataille a commencé dès que nous avons mis les voiles !

La première traversée entre Toulon et la Corse a été un rêve. Cathy n'était hélas pas très bien j'étais donc à la manœuvre de bout en bout. Je suis arrivé, épuisé certes, mais heureux. Je n'avais pas perdu mes réflexes de navigateur ! Durant la nuit de la traversée, je me revoyais, plus jeune de 30 ans, traversant le Pacifique Sud vers ma rencontre avec le Seigneur.

Ce que j'avais offert en sacrifice à Dieu 23 ans plus tôt afin de le servir, Il me le rendait comme Il l'avait promis ! Et puisque *« la bénédiction de Dieu n'est suivie d'aucun chagrin »*[27], que pouvait-il m'arriver ?

Eh bien, de casser le moteur à peine arrivé en Corse, d'essuyer une tempête véritablement démoniaque (j'en parlerai plus loin) qui nous a bloqués en Sardaigne plusieurs mois, puis de perdre le mât de notre bateau quelques mois plus tard au moment de repartir !

Et je ne vous parle pas des gens qui nous pensaient rétrogrades parce que « vous comprenez ma bonne dame,

---

[27] Proverbe 10 : 22

ils sont retournés à leur ancienne vie… », ou encore « Je vous l'avais bien dit que ça ne pouvait pas être de Dieu, regardez comme ils galèrent » !

Un tel raisonnement implique que ni Pierre, ni Paul, ni les autres apôtres n'étaient dans le plan de Dieu, puisque leurs « galères » les menèrent, comme des milliers de chrétiens après eux, en prison et à la mort.

Heureusement que beaucoup d'autres n'ont pas eu cette attitude et ont vu au-delà de la chair, le plan que Dieu avait.

Christ lui-même nous a prévenus : *« Ne croyez pas que je sois venu apporter la paix sur terre : ma mission n'est pas d'apporter la paix, mais l'épée. Oui, je suis venu opposer le fils à son père, la fille à sa mère, la belle-fille à sa belle-mère : on aura pour ennemis les membres de sa propre famille… "Alors on vous livrera aux tourments, et l'on vous fera mourir ; et vous serez haïs de toutes les nations, à cause de mon nom."*[28]

« À vaincre sans péril, on triomphe sans gloire » ![29] Qui ne connaît pas la citation de Sénèque aujourd'hui devenue un proverbe populaire.

En fait, il ne peut y avoir de victoire sans combat et quand vous venez à Christ, il ne vous promet pas le monde des « Bisounours », mais plutôt celui de « GI-Joe » !

---

[28] Matthieu 10 : 34-37 / 24 : 9-10
[29] Le Cid : Pierre Corneille

Le diable dans la tempête

Laissez-moi vous raconter l'une des galères de notre voyage entre la France et Israël sur notre voilier « Indeed », quand nous avons été pris dans la pire des tempêtes qu'il m'ait été donné de voir.

Alors que la météo marine annonçait un vent de Nord-est force 3, parfait pour notre traversée vers la Sicile depuis la Sardaigne, nous avons essuyé après 3 heures de navigation, une tempête force 8/9.

En quelques minutes, le vent avait déchiré notre voile d'avant. Nous étions contraints de faire demi-tour vers le port le plus proche qui était à une dizaine de milles nautiques, Porto di Cala Gonone.

Le danger était grand et nous avons appelé immédiatement nos intercesseurs en France, en Italie et aux USA afin qu'ils prient pour nous.

Après une heure, le vent avait encore forci.

Notre pilote automatique étant incapable de garder le cap dans une telle tempête, j'ai envoyé Cathy se mettre à l'abri à l'intérieur et j'ai barré à la main, attaché dans le cockpit des heures durant. Les vagues déferlaient l'une après l'autre sur le bateau et je devais par moments mettre la main devant mon visage pour respirer sans avaler trop d'eau !

Notre moteur, qui était neuf suite à la casse de l'ancien en Corse, était à plein régime et pourtant la tempête était telle qu'elle nous faisait parfois reculer !

Le plus incroyable était que si j'essayais de m'éloigner du sens du vent, celui-ci changeait de direction pour se remettre face à moi, comme s'il avait une volonté propre et avait décidé d'en finir avec nous !

Il nous a fallu plus de 6 heures pour approcher enfin de la côte et voir les lumières du village de pêcheurs où nous voulions nous abriter.

Il était près de onze heures du soir, la nuit était d'encre et nous nous sommes approchés de l'entrée du port. Mais soudain j'ai été complètement perdu.

Avec toutes les lumières des restaurants, des bars, des néons de toutes les couleurs, impossible de trouver les phares rouge et vert qui marquent habituellement les entrées de ports.

Les vagues étaient de plusieurs mètres de hauteur et je les entendais se fracasser sur la jetée que je ne pouvais hélas pas voir, ébloui par toutes les lumières de la ville.

J'ai bien cru à ce moment-là que nous allions nous briser sur les rochers et que notre dernière heure était arrivée alors qu'à moins de quelques centaines de mètres, des gens s'amusaient, mangeaient, riaient dans les bars et restaurants du port.

J'avais l'impression de voir Satan, sous les traits d'une sorcière, se rire de nous au cœur de la tempête.

J'ai commencé alors à longer la plage que j'avais repérée sur la carte en me disant qu'il valait mieux s'échouer sur le sable que sur les rochers quand soudain, sur le fond noir du ciel vers le large, je vis une petite lumière verte qui clignotait.

J'avais enfin repéré l'entrée du port. Je m'engageai dans le chenal et je repérai deux jeunes qui nous faisaient de grands signes depuis un quai. Ils avaient été envoyés pour nous aider par les garde-côtes que nous avions prévenus de notre arrivée par radio des heures avant. Dix minutes plus tard, nous étions amarrés et sauvés.

Notre ami Ciro, que nous avions quitté quelques heures plus tôt, était venu jusque-là. Il nous attendait sur le quai dans son 4x4 Toyota et nous expliqua plus tard que sous les bourrasques, la voiture tremblait comme une feuille.

Le lendemain, quand nous nous sommes rendus à la capitainerie du port, les gens nous dirent qu'ils n'avaient jamais vu une telle tempête. Ils se demandaient bien comment nous avions pu entrer dans le port… Le centre de météorologie marine qualifiait cette tempête de « mini cyclone apparu spontanément et très localisé. Moins de 15 kilomètres de diamètre ». Phénomène inexplicable et imprévisible selon eux…

Je crois pour ma part avoir une explication, certes irrationnelle, mais bien réelle. Nous venions d'échapper à un attentat spirituel, grâce à la mobilisation dans la prière de tous nos intercesseurs.

Le Seigneur a pour nous des projets de paix, mais qu'est-ce que Sa paix ?

Jésus, nous l'avons vu, nous enseigne qu'Il est venu pour nous apporter non pas la paix, mais l'épée. Pourtant, plus tard, ne nous promet-Il pas la paix ? *« Je vous laisse la paix, je vous donne ma paix. Je ne vous la donne pas comme le monde donne. Que votre cœur ne se trouble pas ni ne s'alarme »*[30].

Il semble à première vue que ces textes se contredisent, comme un certain nombre d'autres textes, mais cela n'est vrai que si nous prenons ces versets isolément, alors que la Bible doit se comprendre dans son ensemble.

---

[30] Jean 14 : 27

En effet, Dieu nous promet la paix, et ne fait sur nous que des projets de paix.

Y a-t-il eu endroit plus paisible que le jardin d'Eden à l'heure où Adam et Eve n'avaient pas succombé à la tentation ? Le plan parfait de Dieu pour l'homme et que celui-ci vive dans la paix.

Mais ceci ne veut pas dire comme nous le croyons souvent que les ennemis n'existent plus.

Dans le Jardin d'Eden, Adam et Eve vivaient dans la paix, et cela malgré la présence de Satan. Et cela dura jusqu'à leur défaite en face de la tentation. Dès lors, ils perdirent la paix et connurent pour la première fois la crainte.

Nous pouvons alors concevoir que la paix que Dieu nous offre n'est pas l'absence d'ennemis ou de combats, mais la victoire ! Nous sommes dans la paix quand l'ennemi recule parce que nous sommes victorieux.

« Soumettez-vous donc à Dieu ; résistez au diable, et il fuira loin de vous ».[31]

Considérons qu'en nous soumettant à Dieu et en combattant (c'est-à-dire en résistant au diable), nous avons la victoire et donc la paix de Christ est notre partage.

Il ne peut y avoir de victoire sans combat. Nous devons accepter d'abandonner la paix relative de ce monde, qui n'est que la nonchalance dans laquelle Satan tente de nous maintenir, alors que la victoire est pour celui qui lui résiste !

---

[31] Jacques 4 : 7

Trop de lumières…
Tue la Lumière !

Être conduit par l'Esprit et marcher par l'esprit sont deux choses différentes !

En retraçant le récit de cette tempête, j'étais encore rempli d'émotion à ces souvenirs. Mais ce n'est pas pour vous faire trembler avec nos aventures que j'ai écrit le chapitre précédent.

Nous avons vécu depuis quelques mois une tempête spirituelle et dans nos âmes, Cathy et moi, et quelque temps avant de rentrer en France, durant une veille de prière à Gozo, j'ai soudain revu dans l'esprit notre arrivée dans ce petit port sarde.

Nous avions pris un temps de jeûne et de prière et le premier jour, j'avais entendu Dieu me dire : « *Ne cherchez pas des réponses, cherchez ma présence* ».

C'était dur de ne pas chercher de réponses prophétiques quand notre cœur était plein de questions et quand notre avenir semblait dépendre des réponses à ces questions.

Mais à force de chercher des réponses, nous ouvrons parfois (souvent ?) nos cœurs à toutes sortes de paroles de type prophétique, mais qui peuvent hélas ne pas être inspirées par l'Esprit de Dieu.

C'est ce que j'appellerai le « syndrome du papillon de nuit », on se rapproche des lumières les plus brillantes, on veut y voir plus clair, et parfois, on s'y brûle les ailes…

Ainsi, j'ai vu ces derniers temps beaucoup de gens à la recherche de paroles « prophétiques » concernant le Covid, les élections américaines, la réouverture des églises, leur vie de tous les jours. Dès qu'ils en avaient « reçu » une, ils en faisaient grande publicité sur leur Facebook, WhatsApp et autres réseaux sociaux, pour finir pratiquement en dépression quand l'opposé de ces révélations arrivait. Parfois, à peine remis de leurs émotions, ils repartaient en chasse de la prochaine prophétie à partager sur les réseaux sociaux.

Je suis toujours sceptique quand un « prophète » explique par une nouvelle prophétie pourquoi la dernière qu'il a donnée ne s'est pas réalisée.

Pire encore, quand il nous annonce que ce que Dieu allait faire n'avait pas eu lieu à cause de la tricherie d'hommes inspirés du Diable. Autrement dit, le plan de Dieu mis en échec parce que le diable sur ce coup-là avait été trop (plus) fort ?

Le Père ne nous dit-il pas que nous reconnaîtrons les vrais prophètes par le fait que leurs paroles se réalisent ?[32]

Je ne crois pas que Dieu soit mis en échec dans ses plans par le diable ! Preuve en est de la résurrection !

Le problème vient plutôt que certains « prophètes », comme au temps de Jérémie, prophétisent dans la chair et que plutôt que de se repentir quand il devient évident

---

[32] Jérémie 28 : 9.

qu'ils étaient à côté de la plaque, cherchent des explications absurdes !

Le « syndrome du papillon de nuit » c'est chercher le raccourci d'une prophétie plutôt que se donner la peine de « marcher par l'esprit ». Mais que signifie marcher par l'esprit ?

En faisant une recherche dans Google, j'ai trouvé ce genre de définition : « **Marcher par l'Esprit** signifierait mener sa vie sous la conduite du **Saint-Esprit**, être à son écoute, le laisser tout contrôler et surtout lui obéir ».

Ce genre de définition, je l'avoue ne me satisfait pas vraiment. Je suis en effet convaincu que *« marcher par l'esprit »* [33] fait référence directement à notre esprit à nous.

En effet, s'il s'agissait de marcher sous le diktat du Saint-Esprit, cela ferait de nous des marionnettes entre les mains de Dieu. Pour en arriver là, il aurait mieux valu que Dieu commence dès le jardin d'Eden ! Il aurait ainsi gardé le contrôle et cela aurait évité bien des souffrances à son Fils et à l'humanité. Mais Dieu n'a jamais voulu de ça.

Dès les premiers chapitres de la Bible, nous pouvons constater que l'Éternel est un Dieu de relations. Il constate, en contemplant l'homme, que celui-ci ne peut rester seul. Aucun des êtres qu'Il lui a présentés ne semble compatible avec l'être humain.

Dieu ne se pose pas la question de la solitude pour le reste de sa création, mais uniquement pour l'homme, car celui-ci est créé à Son image, il a donc des besoins similaires à ceux de son Créateur.

---

[33] Galates 5 : 16

Dieu va donc donner à Adam un être qui lui sera compatible, car de même nature, qui sera son vis-à-vis.

Par là Il instaure la première institution qui régira les relations humaines : Le Mariage. [34]

C'est un principe d'alliance, entre deux personnes de même nature, différentes, mais compatibles, tout comme Il instaurera des alliances avec Adam, Noé, Abraham, Isaac, etc., et avec chacun d'entre nous en Christ.

Alliance avec des êtres qui Lui sont compatibles.

Qu'est-ce qui crée cette compatibilité ? L'esprit que Dieu a donné à l'être humain, et uniquement à lui, dans l'ensemble de la création. Sans cela, nous serions incompatibles à une alliance avec Dieu.

Il nous a créés à son image en partageant avec nous son Esprit. Puisqu'Il n'est pas une marionnette, sous un contrôle extérieur, nous ne pouvons donc pas l'être non plus ! Il voulait et veut encore que nous collaborions, que nous cheminions humblement à ses côtés, pas que nous soyons « ses choses » ! [35]

À son image, nous avons été créés « trinitaires ». Nous sommes corps, âme et esprit. Si notre corps est plutôt facile à identifier : c'est tout ce qui en nous est physique, pour notre âme, c'est moins évident.

Pour faire simple, elle est tout ce qui en nous n'est pas physique, mais n'est pourtant pas spirituel non plus. On dira donc nos émotions, notre culture, nos souvenirs, l'éducation que nous avons reçue, etc.

---

[34] Genèse 3
[35] Michée 6 : 8

Enfin, notre esprit, c'est ce qui nous a été donné et qu'aucune autre créature n'a reçu : Le Souffle divin.

C'est bien l'esprit qui est mort en chaque être humain avec le péché[36] originel, et qui revient à la vie avec la nouvelle naissance.

Bien sûr, le fait qu'il soit mort ne signifie pas qu'il n'est plus là chez l'être humain. Il est seulement inactif, privé de connexion avec Dieu, et parfois peut être en connexion avec un esprit méchant, mais c'est un autre sujet.

Dès le commencement, notre être est conçu pour être conduit par notre esprit, lui-même en connexion avec le « Ruah HaKodesh » l'Esprit de Dieu.

Cet ordre devait permettre à notre âme et à notre corps de prospérer sous l'égide de notre esprit conduit par Dieu.

Hélas, le jour où l'esprit est mort, à cause du péché originel, c'est notre âme qui a pris le relais. C'est à elle que Satan s'est adressé lorsqu'il est allé parler à Ève. C'est à votre âme qu'il s'adresse quand il vient vous tenter.

Notre âme, siège de nos émotions et de tous les mensonges issus de nos éducations, est manipulable à souhait. Elle réagit bien plus qu'elle agit et elle est toujours à la recherche du paradis perdu. Elle cherche en permanence à le recréer par ses propres moyens sans jamais y parvenir.

---

[36] Genèse 2-17

Aujourd'hui, notre foi en Christ a permis à notre esprit de vivre de nouveau, et Paul nous invite à rétablir son autorité dans notre être.

« Voici donc ce que je dis : marchez par l'esprit et vous n'accomplirez pas les désirs de votre nature propre. En effet, la nature humaine a des désirs contraires à ceux de l'esprit, et l'esprit a des désirs contraires à ceux de la nature humaine. Ils sont opposés entre eux, de sorte que vous ne pouvez pas faire ce que vous voudriez. Cependant, si vous êtes conduits par l'esprit, vous n'êtes pas sous la loi ».[37]

Il est particulièrement intéressant de noter que si notre esprit a véritablement l'autorité sur notre vie, Paul nous dit qu'alors nous ne sommes plus sous la loi.

En effet, celle-ci a été donnée pour offrir à notre âme les garde-fous nécessaires à sa survie en attendant que l'esprit reprenne le contrôle. Cela étant, nous n'en avons théoriquement plus besoin.

Si notre esprit régit notre vie, nous sommes censés ne plus laisser nos instincts primaires (corps) ni nos émotions, instables par nature (âme), conduire notre existence.

Le problème vient du fait que même ressuscité, notre esprit a souvent du mal à faire lâcher prise à notre âme et à imposer son autorité.

Il est évident que chez la majorité des chrétiens, nous nourrissons bien plus notre âme que notre esprit à longueur de journée.

---

[37] Galates 5 : 16-18

Si cela n'était pas le cas, nous aurions donc potentiellement déjà tout en nous pour comprendre et mettre en œuvre la volonté de Dieu !

Les prophéties peuvent bien sûr nous confirmer tel ou tel point, nous conseiller une stratégie, nous donner un coup de pouce pour vaincre, mais on ne peut pas attendre ces interventions divines pour marcher dans l'esprit au quotidien.

À nous de faire en sorte que notre esprit, en passant de plus en plus de temps avec l'Esprit, avec la Parole (le Fils) et avec le Père, puisse apprendre à conduire notre vie selon les plans divins.

Il faut qu'il sache prendre soin de notre âme sans s'y soumettre, et qu'il respecte notre corps pour que son service pour le Royaume dure le plus longtemps possible.

Ce n'est qu'à partir de là que nous serons capables de faire la volonté parfaite du Père.

Quand l'esprit écoute l'Esprit !

Cela étant dit, Dieu n'est pas avare d'interventions surnaturelles ou naturelles pour conduire ses enfants au quotidien, pour peu qu'ils se donnent la peine d'y être attentifs.

Durant le voyage de Toulon jusqu'en Israël, nous avons été avertis par le Saint-Esprit à plusieurs reprises de changer de route, de jour de départ, et même parfois de destination. C'est dans ce voyage que nous avons pris l'habitude de prier tous les jours ensemble Cathy et moi. Nous avions rêvé de ça pendant des années sans y parvenir.

Laissez-moi vous raconter quelques-unes de ces occasions.

Au moment où nous avons quitté la Sardaigne par exemple, nous avions prévu de piquer directement sur la Sicile au plus court. Nous avons donc descendu la côte tranquillement, afin de faire les derniers réglages de notre nouveau gréement[38]. Arrivés à Cagliari, nous avons changé la drisse de l'enrouleur de grand-voile et réglé deux ou trois autres problèmes techniques. Un coup de vent était annoncé et nous avions décidé de rester là trois jours.

C'est durant l'un de nos temps de prière quotidienne que la conviction s'est installée dans nos cœurs de descendre en Tunisie. Ce n'était pas la route la plus directe, elle impliquait de « perdre au moins quinze jours sur notre planning, mais

---

[38] Le grément est l'ensemble mât/voile d'un voilier.

l'arrêt en Sardaigne nous avait fait perdre des mois ! Alors un peu plus ou un peu moins…

Découvrir le pays où mes parents étaient nés aurait pu être une chose intéressante si nous n'étions pas arrivés en plein ramadan. L'ambiance était sinistre, la Marina, toute neuve et ouverte depuis une semaine seulement, était vide. Nous étions une douzaine de bateaux sur 800 places. La ville de Bizerte était très belle, mais sous une chape de plomb spirituelle et militaire à cause des attentats. Qu'est-ce que nous étions venus faire là ?

Cependant, trois jours plus tard, alors que nous passions le cap Bon au nord-est du pays, le Saint-Esprit nous a saisis d'une façon très particulière. Alors que nous louions Dieu et intercédions pour l'Afrique, je me vis survoler en esprit tout le continent jusqu'au cap de Bonne Espérance. Au-dessus de chaque pays, je prophétisais pour la nation et à la fin j'eus le sentiment que Dieu me connectait avec la région du Cap en Afrique du Sud.

Vous allez me dire : « Encore un délire » ! Mais un an plus tard, je rencontrais des Sud-Africains avec qui nous sommes devenus amis. Nous les avons visités deux fois chez eux et eux nous ont rendu visite plusieurs fois à Gozo.

Lors d'un séjour chez eux, j'ai rencontré une des responsables de leur assemblée qui m'a partagé avoir eu deux ans plus tôt, alors même que nous passions en Tunisie, une vision similaire à la mienne, mais elle survolait l'Afrique du Sud vers le Nord !

Nous sommes-nous rencontrés en esprit ? Une chose est sûre, ces amis ont rendu possible par leur générosité la création de la Maison de Prière de Gozo.

Nous voyons dans ce cas quelque chose qui, grâce à l'obéissance d'un point assez terre à terre, ouvre la porte à une rencontre spirituelle qui a impacté notre ministère plusieurs années durant. Régulièrement, Dieu nous donne, à tous, de telles directives, mettant ainsi en place sa bénédiction dans nos vies. Faut-il encore que nous reconnaissions ces choses quand nous y sommes confrontés.

Un peu plus tard dans notre voyage, près d'Athènes en Grèce, nous avions planifié notre route pour traverser la mer Égée. Nous avions choisi ce que les gens du coin appellent la route Nord. Toutes les étapes, île après île, étaient programmées, et nous pensions pouvoir arriver à Rhodes en une dizaine de jours malgré une météo incertaine. En effet, en été, la zone est balayée par le « Meltem », un vent violent qui oblige même les plus gros cargos à se mettre à l'abri.

Nous avions donc décidé de partir le soir vers 6 heures, quand le Meltem aurait faibli, pour gagner en 24 heures l'étape suivante avant un coup de vent fort annoncé.

J'avais préparé le bateau pour cette traversée, nous avions fait des courses au supermarché, les pleins de gasoil et d'eau étaient faits, il ne nous restait plus qu'à prier pour notre prochaine navigation.

Pendant notre temps de prière, Cathy et moi avons reçu qu'il ne fallait pas partir ce jour-là. Aucune raison précise, juste une sorte de conviction de ne pas partir. Nous avons donc décidé d'attendre.

Ce soir-là, nous avons bu l'apéro sur un bateau de charter qui s'était installé à côté de nous. Son skipper naviguait dans ces eaux depuis plus de dix ans, aussi je lui fis part de notre itinéraire.

« Ne prenez surtout pas la route nord, nous dit-il. Vous allez au-devant d'une tempête » ! Et il nous indiqua un autre chemin et l'île où nous mettre à l'abri deux jours plus tard pour éviter le coup de vent annoncé.

Heureux de ses conseils, que nous avons suivis, nous avons passé plusieurs jours à Kitnos, une île magnifique.

Le deuxième matin, nous avons vu un bateau bien plus gros que le nôtre arriver en piteux état. Suivant la route Nord, ils avaient passé 36 heures dans la tempête. Il leur avait été impossible d'accéder à l'île où nous aussi avions prévu de rester tant la mer était déchaînée ! Ils nous ont raconté comment, en désespoir de cause, ils avaient dû fuir au sud pour arriver à Kitnos épuisés.

Nous avons réalisé, en écoutant leur récit, combien Dieu nous avait préservés.

Quelques semaines plus tard, une chose similaire nous est arrivée à Rhodes. Nous avions enfin quitté la zone du Meltem et nous allions suivre la côte turque jusqu'à Chypre. Nous nous réjouissions de ces deux semaines à venir. Navigation simple et confortable, des gens accueillants sur l'une des côtes les plus belles de Méditerranée, des vacances quoi !

La veille du départ, l'Esprit Saint nous dit clairement de ne pas aller en Turquie ! Comme je faisais la sourde oreille, Il dut utiliser deux autres personnes pour me convaincre. Je reçus dans la matinée un appel d'un frère en France qui me dit qu'il avait senti lui aussi qu'il ne fallait pas aller en Turquie. Puis un message de GHOP à Gibraltar. Ce matin-là, durant la veille de prière, une sœur avait prophétisé que nous ne devions pas toucher la côte turque.

Nous avons donc finalement décidé de suivre cette directive qui semblait pressante. Nous avons cherché une étape et la seule possibilité était de faire escale sur une île grecque appelée Castellorizo, à moins de 2 miles nautiques des côtes turques, mais en dehors tout de même.

Deux choses découlèrent de cette obéissance.

Tout d'abord, nous avons rencontré sur cette île un bateau israélien avec les occupants duquel nous nous sommes liés d'amitié. Son skipper, Avi, a été une bénédiction à notre arrivé en Israël, auprès des autorités, et nous a permis de témoigner à des dizaines de personnes dans la marina de Haïfa. C'est grâce à lui que nous avons aussi pu laisser le voilier là 6 mois alors qu'au départ nous ne pouvions rester que 5 jours !

Mais au-delà de ça, notre obéissance nous a permis d'éviter le pire. La Turquie a connu une tentative de coup d'État 2 semaines avant que nous devions nous y rendre. Cela a déclenché une persécution de chrétiens dont l'arrestation de plusieurs pasteurs et missionnaires, accusés par le gouvernement d'être des espions à la solde des USA qui étaient soupçonnés de soutenir les putschistes. Un missionnaire américain a été emprisonné plusieurs mois et sa femme expulsée manu militari la semaine où nous devions naviguer en Turquie.

Vouloir faire sa volonté…

*« Ils traversèrent la Galatie phrygienne parce que **le Saint-Esprit les avait empêchés** d'annoncer la Parole dans la province d'Asie. Parvenus près de la Mysie, ils se proposaient d'aller en Bithynie ; **mais, là encore, l'Esprit de Jésus s'opposa à leur projet** ».*

Comme nous l'avons vu précédemment dans le livre des Actes, le Saint-Esprit va nous empêcher de nous mettre dans des situations dangereuses ou scabreuses si nous nous donnons la peine faire attention à lui.

Notre attitude de cœur, notre sincérité quand nous déclarons vouloir faire sa volonté et donc notre obéissance feront toute la différence entre vivre notre vie conduite par notre âme ou marchant dans l'esprit.

Il est Celui qui sonde les reins, qui sépare la moelle de l'os[39]. *"En effet, la parole de Dieu (Jésus) est vivante et efficace, plus tranchante que toute épée à deux tranchants, pénétrante jusqu'à séparer âme et esprit, jointures et moelles ; elle juge les sentiments et les pensées du cœur."*[40]

---

[39] Jérémie 17 : 10, Romain 8 : 27
[40] Hébreux 4 : 10

On ne peut pas Le tromper sur nos véritables motivations. Il nous aidera si et seulement si nous voulons véritablement faire sa volonté.

De nos jours, beaucoup de ceux qui déclarent vouloir servir Dieu ne sont prêts ni à en payer le prix ni à abandonner leur liberté de décision. Il est clair que Christ ne nous forcera jamais à être conduits par son Saint-Esprit si nous ne le voulons pas sincèrement.

Pour moi, il est évident que nous (ministère) avons une responsabilité dans la façon dont nous avons prêché l'évangile, puis dans notre gestion de l'église au quotidien.

Pour être franc, j'ai souvent l'impression que nous avons dénaturé le message afin de le rendre acceptable et de voir nos assemblées grandir. Puis parfois nous avons choisi d'y mettre notre petite touche personnelle de concessions afin de garder les gens chez nous…

Parfois, nous avons mis en avant notre spécificité théologique et nos traditions bien plus que le message de Christ.

D'autre fois, nous avons mis « de l'eau dans notre vin » comme on dit, pour ne pas passer pour une secte auprès des autorités, ou simplement de nos paroissiens.

Mais surtout, nous avons embrassé un système d'église, imposé au 4e siècle par un empereur romain,[41] qui n'avait rien à voir avec le plan de Dieu pour Son Église.

---

[41] L'empereur Constantin Ier met provisoirement fin aux dissensions des Églises d'Orient en convoquant le premier concile de Nicée (325) et affirme son autorité dans le domaine religieux. Il instaure et développe une administration centrale tant pour l'empire que pour l'église.

Cet empereur, instaurant une caste de professionnels de Dieu et y soumettant les peuples, a vidé l'évangile de son essence.

Il n'était plus question de devenir des disciples, mais d'être des croyants. Les sacrements dispensés par l'église remplacent la foi en Celui qui donne la vie éternelle.

Être sauvé, c'est appartenir à l'église.

Plus besoin non plus d'entendre Dieu nous parler dans une relation personnelle, il suffisait d'écouter le prêtre, puis le pasteur…

Plus de prix à payer pour l'évangile si ce n'était les indulgences, [42] puis la dîme…

Les églises les plus charismatiques aujourd'hui ne sont guère éloignées de ces principes, même si elles s'en défendent. Le style a beau changer, les principes restent les mêmes. Non seulement cela a amené des abus d'autorité flagrants dans les assemblées, mais pire encore, cela a produit des générations de chrétiens incapables d'entendre Dieu par eux-mêmes.

Ils demeurent dépendants des dirigeants de leur mouvement à qui ils doivent une soumission totale sous peine de se voir excommunier. Je l'ai vécu moi-même pour avoir refusé de mettre mon ministère en pause sous l'injonction du pasteur d'une église évangélique quand nous vivions aux USA.

---

[42] La pratique, héritée du droit romain, remonte au 3ème siècle. Il s'agissait alors de réintégrer l'Église pour les chrétiens ayant apostasié pendant les persécutions. Plus tard, une distinction est clairement établie entre l'absolution, réservée à Dieu et proclamée par le prêtre, et l'indulgence, qui permet la réconciliation avec l'Église.

Je suis convaincu que c'est la raison qui explique le naufrage des églises aujourd'hui et que sans une profonde réforme nous ne verrons pas l'Épouse glorieuse que le Christ vient chercher. Alors, arrêtons de faire les choses par habitude et menons une réelle analyse de pratique sur nos fonctionnements en tant qu'assemblée, ministère et disciple.

Réflexions sur un naufrage.

En priant un matin à Gozo, Cathy m'avait fait part d'une pensée sur le naufrage de Paul à Malte. Depuis des mois nous avions prié, loué, intercédé tous les jours et parfois plusieurs heures par jour, avec des temps de jeûne, mais tout semblait aller de mal en pis.

Et puis un email était arrivé : *« Cher Mikaël et chère Cathy, je vais prier pour vous, même si je ne comprends pas tout à fait pourquoi vous avez tant à cœur de rester à Malte dans des conditions particulières et difficiles.*

En tout cas, je prie pour vous… »

J'ai répondu à cet ami : *« Parce que Dieu nous a demandé d'aller à Malte et ne nous a pas demandé à ce jour d'en partir »*.

Une question cependant était en train de grandir dans mon cœur : Étions-nous, nous et notre ministère, en train de faire naufrage ?

Je me suis alors mis à étudier l'histoire de celui de Paul, dans la bible tout d'abord, mais aussi, puisque nous étions à Malte, dans l'histoire, ou tout du moins dans les légendes locales.

En étudiant cela, j'ai réalisé que ce naufrage trouve son origine bien avant cet automne fatidique entre la Crète et Malte. En fait, il prend racine à la fin du second voyage alors que Dieu prévient Paul d'un danger imminent qui le guette à Jérusalem. Je vais partager maintenant plusieurs passages des Actes des Apôtres relatant ces faits.

« Tout ce que je sais, c'est que le Saint-Esprit m'avertit de ville en ville que je dois m'attendre à être emprisonné et à connaître bien des souffrances »...

« Il y avait là des disciples. Après les avoir trouvés, nous sommes restés sept jours avec eux. Or ceux-ci, poussés par l'Esprit, conseillaient à Paul de ne pas se rendre à Jérusalem ».

« Il vint nous trouver, prit la ceinture de Paul et s'en servit pour s'attacher les pieds et les mains. Voici ce que déclare l'Esprit saint, dit-il. L'homme à qui appartient cette ceinture sera attaché de cette manière par les Juifs à Jérusalem, puis ils le livreront entre les mains des païens ».

« En entendant cette déclaration, nous avons supplié Paul, nous et les croyants de Césarée, de ne pas monter à Jérusalem. Mais il nous répondit : que faites-vous là ? Voulez-vous me briser le cœur avec vos larmes ? Je suis tout à fait prêt, moi, non seulement à aller en prison, mais même à mourir à Jérusalem pour le Seigneur Jésus. Comme nous n'arrivions pas à le faire changer d'avis, nous n'avons plus insisté et nous nous sommes contentés de dire : que la volonté du Seigneur soit faite » [43]

Nous connaissons la suite de cette histoire, Paul sera battu, emprisonné, presque tué à plusieurs reprises, puis après deux ans en prison à Césarée[44], il entreprendra ce voyage en mer qui finit à Malte avec un naufrage.

Était-ce là le plan de Dieu ? N'y avait-il pas d'autre solution pour organiser le voyage missionnaire de Paul jusqu'à Rome ?

---

[43] Actes 20 :23 à Actes 21 : 12-14
[44] Actes 24 : 27

En fait, Paul a-t-il fait une erreur de jugement ou peut-être a-t-il tout simplement été présomptueux ?

Un autre fait troublant dans ce passage de Paul à Jérusalem et qui va conduire à son arrestation :

« Après l'avoir entendu, ils se sont mis à célébrer la gloire du Seigneur. Puis ils lui ont dit : « Tu vois, frère, combien de milliers de Juifs on compte parmi les croyants, et tous sont zélés pour la loi. Or, ils ont entendu dire que tu enseignes à tous les Juifs vivant parmi les non-juifs d'abandonner la loi de Moïse ; tu leur dirais de ne pas circoncire leurs enfants et de ne pas se conformer aux coutumes. Que faire donc ? Sans aucun doute on apprendra que tu es venu. C'est pourquoi, fais ce que nous allons te dire. Il y a parmi nous quatre hommes qui ont fait un vœu. Prends-les avec toi, accomplis la cérémonie de purification avec eux et pourvois à leurs dépenses afin qu'ils se rasent la tête. Ainsi, tous sauront que ce qu'ils ont entendu dire sur ton compte est faux, mais que toi aussi tu vis en respectant la loi. Quant aux croyants d'origine non juive, nous leur avons communiqué par écrit notre décision : ils doivent s'abstenir des viandes sacrifiées aux idoles, du sang, des animaux étouffés et de l'immoralité sexuelle ».[45]

Fallait-il que Paul se plie à cette demande de l'église sachant que lui-même ne se soumettait plus à la loi de Moïse, mais plutôt à ses principes [46] ?

Ce faisant, il précipite les événements qui le conduiront à sa perte. On voit là un acte qui a plus à voir avec la crainte des hommes que celle de Dieu, ou en tout cas au désir de plaire aux juifs de Jérusalem.

---

[45] Actes 21 : 20-25

[46] Voir : « Des principes et des lois » même auteur.

Nous avons souvent idéalisé et nous sommes parfois portés à croire que tout ce qui est écrit des faits et gestes de ces héros de la foi que sont les apôtres était le plan parfait de Dieu.

Je suis convaincu que cela n'est pas le cas. Le tirage au sort du remplaçant de Judas par exemple, me semble une erreur. Dieu n'avait pas demandé aux 11 restants de choisir un remplaçant à Judas, mais d'attendre que le Saint-Esprit leur soit donné, à Jérusalem. Matthias était certainement un gars super, mais de là à être tiré au sort !

Nous avons bien d'autres exemples de ça dans tout le Nouveau Testament. Les choix de Pierre sont parfois discutables, si bien que Paul doit le reprendre publiquement…

Alors, serait-il possible, dans l'histoire de ce voyage et de ce naufrage à Malte, que Paul ait été à côté du plan de divin ? Pourquoi ce dernier a-t-il fait appel à l'empereur alors qu'il était sur le point d'être relâché ?

« Cet homme n'a rien fait qui mérite la mort ou la prison, il aurait pu être relâché s'il n'en avait pas appelé à l'empereur ».

Quand je lis cela, il me semble qu'il s'agit plus d'une réaction spontanée (charnelle ?) que le produit d'une révélation.

Si Paul avait été relâché, n'aurait-il pas été aussi efficace, si ce n'est bien plus, en étant libre de ses mouvements plutôt que dans ses chaînes ?

En ignorant les avertissements des prophètes sur le chemin de Jérusalem et en faisant appel à l'empereur, ne s'est-il pas placé sous une autorité autre que celle de Christ ?

Il était en effet appelé à prêcher à Rome, mais pas forcément en tant que prisonnier.

Deux naufrages bien similaires !

« Les marins eurent peur ; ils implorèrent chacun leur dieu, et ils jetèrent dans la mer les objets qui étaient sur le bateau afin de l'alléger. Jonas était descendu au fond du bateau, s'était couché et dormait profondément ».

« Comme nous étions violemment battus par la tempête, le lendemain ils ont jeté la cargaison à la mer, et le troisième jour ils ont jeté de leurs propres mains les agrès du bateau ». [47]

La question qui peut se poser alors est la suivante : le naufrage de Paul est-il dû à un combat spirituel pour empêcher sa mission comme certains le prétendent, ou est-il dû au fait que Dieu avait besoin de parler à Paul, comme il a eu besoin de parler à Jonas ?

J'ai parfois entendu que Dieu avait suscité ce naufrage pour que les gens de Malte puissent se convertir. Des circonstances si dramatiques signifieraient que l'enjeu de l'évangélisation de Malte était crucial.

Le fruit porté devrait donc être à la hauteur de cette aventure ! Est-ce qu'il en a été le cas ? Il semblerait que non.

Aucune église ne semble avoir été établie suite aux trois mois du séjour de Paul. Aucune lettre de Paul, ou d'autres apôtres à l'église de Malte.

---

[47] Jonas 1 : 5 Actes 27 : 18-19

Il semblerait même que la christianisation de ces îles, hormis par le régime de Constantin[48], ne remonte qu'au 11e siècle quand les Normands reprirent l'archipel aux musulmans d'Afrique du Nord.

Un recensement de 1240, soit cent cinquante ans après la conquête normande, réalisé par un prêtre, l'abbé Gilbert, dénombre environ 9 000 habitants à Malte et à Gozo, dont 771 familles musulmanes, 250 familles chrétiennes comprenant les musulmans convertis et 33 familles juives. Finalement, entre 1240 et 1250, Frédéric II du Saint-Empire expulse les musulmans, même si beaucoup se « convertissent » pour rester dans les îles.[49]

Il faut reconnaître que si Paul a guéri un grand nombre de malades et s'est acquis la sympathie des habitants de Malte, aucune église n'y a vu le jour.

Plus j'étudie les textes du livre des Actes, plus je crois que Paul s'est fourvoyé dans cette situation dramatique de son propre fait et que cela n'avait peut-être rien à voir avec le plan de Dieu, qui a dû utiliser ces circonstances pour pouvoir parler à son serviteur.

Se pourrait-il que Paul fût en train de « rater la cible », la définition même du mot péché ?

Il est en tout cas clair que cet homme de Dieu, comme chacun de nous, avait « ses jours » ! Je pense que nous

---

[48] Au quatrième siècle l'Empereur Constantin imposa le Christianisme à l'ensemble de l'empire Romain.

[49] Charles Dalli (2006) *Malta, The Medieval Millennium*. Malta's Living Heritage.

pouvons dire que dans ces passages-là du livre des Actes, c'était plutôt des jours « sans » !

Je suis convaincu que son cœur ne désirait que la volonté de Dieu, mais ses actes n'ont pas su tenir compte des avertissements que ce dernier lui avait envoyés de façon répétée.

Un temps, des temps…

& le Kairos !

« Des fils d'Issacar, qui savaient discerner les temps pour comprendre ce que devait faire Israël… »[50]

Il y avait, parmi les 12 tribus d'Israël, des gens qui avaient reçu un don particulier : discerner les temps !

En 1999, à l'île de la Réunion, j'avais organisé une conférence sur ce thème. En 2018, à Gozo c'est de nouveau le thème que le Seigneur nous avait donné pour notre conférence de prière.

Il semble que régulièrement Dieu m'ait invité à méditer sur cette notion de discerner (comprendre, appréhender…) les temps dans lesquels j'entrais ou desquels je sortais.

« Il y a un temps pour tout, un temps pour toutes choses sous les cieux… » [51]

Beaucoup de gens parlent du temps de Dieu.

Il serait donc logique de considérer que si Dieu a donné à certains la capacité de discerner ses temps, qu'il y soit lui-même assujetti, ce qui n'est évidemment pas le cas puisqu'Il est éternel.

Ce concept de l'éternité est difficile à comprendre pour nous qui vivons pour l'instant dans un corps temporel et donc dans une approche chronologique du temps. Cela fait

---

[50] 1 Chroniques 12 : 32
[51] Ecclésiaste 3 : 1

que nous confondons souvent l'éternité avec une suite de temps (Chronos) qui n'en finit plus. Mais en fait l'éternité, c'est l'absence même de cette notion du temps !

Hier, aujourd'hui, demain, sont des mots qui n'ont aucun impact pour Dieu. Il le démontre lorsqu'il déclare à Moïse : *"Je suis celui qui suis. Voici donc ce que tu diras aux Israélites : « Je suis » m'a envoyé vers vous".* [52]

Même concept lorsque Jésus lui-même le déclare à son arrestation : *« Lorsque Jésus leur dit : JE SUIS, ils reculèrent et tombèrent à terre ».*

Cette absence de temps (Chronos) fait que Dieu a devant lui en permanence l'ensemble des événements qui constituent l'histoire de l'humanité.

Quand Il nous demande de discerner les temps, ce que nous considérons comme « prophétie » ne fait pas appel à une « capacité divinatoire », mais « l'interface » entre l'omniscience de Dieu et notre réalité temporelle. C'est pourquoi les prophètes dans l'Ancien Testament étaient appelés des « Voyants ». Ils voyaient une portion de l'éternité, ils ne la devinaient pas !

C'est ce que nous faisons quand nous marchons par l'esprit plutôt que par la chair. Nous sommes alors, comme les fils d'Issacar, en mesure de discerner le temps (Kairos) de Dieu.

Le *kairos* (καιρός) est un concept qui, quand il est adjoint à *l'aiôn* (destiné) et au « chronos » (le temps dans sa durée), permet de discerner les événements selon cette dimension éternelle de Dieu.

---

[52] Exode 3 : 14

Nous pourrions le définir comme le temps de l'occasion opportune. Il qualifie un moment particulier où tout est possible. Dans le langage courant, on parlerait de point décisif ! Il y a là une notion « d'un avant et d'un après ».

Le kairos entre dans une dimension du temps n'ayant rien à voir avec la notion linéaire de chronos et pourrait être considéré comme une autre dimension divine du temps. C'est une porte ouverte sur une autre perception de l'événement, de soi, mais aussi de Dieu. Une notion immatérielle du temps mesurée non pas par la montre, mais par le ressenti occasionné du fait que notre esprit entre en contact avec Son Esprit.

Beaucoup de gens veulent ignorer cette notion du « Kairos » dans leur écoute de Dieu. Ils perçoivent ce que Dieu veut faire, tout en étant incapable de situer cela dans leur vue étriquée du temps.

Il y a ainsi des paroles que Dieu donne et qui ne sont pas bonnes à mettre en œuvre ou à rechercher immédiatement. Nous en voyons plusieurs exemples tout au long de la Bible.

Abraham qui, voulant hâter la parole concernant sa descendance, va coucher avec sa servante. Joseph, qui partage son rêve avec ses frères et finit vendu comme esclave. Ou encore, de façon plus positive, David qui, après avoir été fait roi, refuse de détrôner Saül quand il en a l'occasion, conscient que ce n'est pas encore son « temps » dans le plan divin !

J'ai trop souvent vu des gens qui, recevant une parole prophétique, en devenaient si obnubilés qu'ils passaient à côté de toute la préparation qui devait précéder sa réalisation. Certain ont ainsi échoué à entrer dans plan de Dieu.

« Jésus lui répondit : Femme, qu'y a-t-il entre moi et toi ? Mon heure n'est pas encore venue…

Jésus leur dit : mon temps n'est pas encore venu, mais votre temps est toujours prêt ».[53]

Comme ne le voyons ici, Jésus lui-même s'est soumis au temps de Dieu dans sa vie.

Il est temps que nous arrivions nous aussi à nous y soumettre. La patience est fruit de l'esprit. Nous devons dès lors apprendre à persévérer, même quand le temps nous paraît long.

Comme je l'ai partagé au début de cet ouvrage, il s'est écoulé 20 ans entre la promesse de Dieu de me rendre mon Isaac (passion de la voile et des bateaux) et le jour où il me l'a effectivement rendue.

Quand mes enfants étaient petits, nous leur chantions ce chant : ce que Dieu fait est parfait en son temps… à nous d'y croire aussi !

---

[53] Jean 2 : 4 ; Jean 7 : 6

Une intelligence renouvelée

Si Dieu a trouvé bon de renouveler notre intelligence quand Il sauve, c'est qu'Il s'attend à ce que nous nous en servions. Cela peut sembler évident et pourtant…

Régulièrement au cours de l'histoire de l'église, nous avons vu celle-ci se méfier de l'intelligence, cherchant encore et encore à l'opposer à la foi.

Je me souviens pour ma part avoir cru qu'utiliser mon intelligence pour interpréter la bible était un péché ! Jusqu'à ce que je me retrouve à publier une brochure de mon ami Claude Payan intitulée : « Comment interpréter la Parole de Dieu » !

J'avais dit à mon ami : « La Parole de Dieu, on ne l'interprète pas, on lui obéit » !

Il m'a expliqué avec beaucoup de gentillesse et un peu d'humour que si Dieu a trouvé bon de renouveler notre intelligence…

Si dans ma vie j'ai fait des tas de choses folles, comme abandonner ma vie séculière au moment où enfin elle pouvait se réaliser pleinement, j'ai toujours essayé de ne pas en faire de trop stupides.

C'est pareil ! me direz-vous. Eh bien non, c'est très différent.

Ne pas faire de choses stupides nous demande de réfléchir, de calculer, de mettre en œuvre des stratégies, d'apprendre ou de s'entourer de gens compétents.

Trop de gens, sous prétexte qu'ils sont appelés par Dieu pour faire quelque chose, pensent qu'ils n'ont besoin ni de talent ni de travail.

Si le talent est le don de Dieu, donné quand nous étions encore dans le sein maternel et en rapport avec notre destinée, le travail est la part qui nous revient. Cela commence généralement par utiliser notre intelligence !

« Car, lequel de vous, s'il veut bâtir une tour, ne s'assied d'abord pour calculer la dépense et voir s'il a de quoi la terminer, de peur qu'après avoir posé les fondements, il ne puisse l'achever, et que tous ceux qui le verront ne se mettent à le railler, en disant : Cet homme a commencé à bâtir, et il n'a pu achever » ? [54]

Dans le monde chrétien, j'ai plus souvent vu des gens faire des choses stupides que faire des choses folles, sous prétexte de marcher par la foi.

Je me souviens d'un frère qui faisait des chèques « en bois » par la « foi » ! Il s'est retrouvé interdit bancaire et couvert de dettes « par la foi » !

La foi n'est pas censée être aveugle, quoi qu'en pensent certains. Elle est au contraire basée sur quelque chose de très concret. Ce que Dieu déclare !

Depuis des années, nous avons décidé, ma femme et moi, de « vivre par la foi ». Je ne vous cache pas que j'ai souvent douté du bien-fondé de cette expression : « vivre par la foi » !

---

[54] Luc 14 : 27-30

J'aimerais décortiquer avec vous cette expression. « Vivre par la Foi ».

Définition de Vivre : C'est l'état d'être en vie, mais aussi la façon de laquelle on vit, comme se procurer les moyens de vivre, de soutenir nos proches ou encore se conduire d'une certaine manière, se conformer aux usages.

Définition de foi : C'est l'attitude de l'homme qui accepte et tient pour vraies des réalités qui sont invisibles, ou incontrôlables. Elle est un acte par lequel l'homme s'en remet volontairement à Dieu, le reconnaissant comme bon, fidèle et capable de tenir ses promesses.

Nous pouvons donc définir « Vivre par la foi » comme suit : « Vivre notre vie de tous les jours, tant au niveau de nos besoins matériels (corps), que de nos besoins affectifs (âme) et que de nos besoins spirituels (esprit), en nous conformant au fait que notre Dieu est bon, fidèle et capable de tenir toutes les promesses qu'Il nous a données dans l'alliance qu'Il a établie avec nous en Jésus son Fils »

De cette définition, nous pouvons tirer un fait qui me paraît primordial pour le corps de Christ. Nous sommes tous appelés à vivre par la foi !

Nous tous, qui sommes justifiés par Christ, sommes « justes » et donc appelés à vivre par la foi.

En fait, je crois que marcher par l'esprit implique systématiquement que nous vivions par la foi.

Car *« Le juste vivra par sa foi »* ! [55]

---

[55] Habacuc 1 :1-5, 2 :1-4

Une boussole pour cheminer
Dans le plan de Dieu !

« Je vous donne un commandement nouveau, aimez-vous les uns les autres ; comme je vous ai aimés, vous aussi, aimez-vous les uns les autres. À ceci tous connaîtront que vous êtes mes disciples, si vous avez de l'amour les uns pour les autres. »[56]

Jésus, dans ce passage, associe le fait que les gens voient que nous sommes disciples de Christ, et donc que nous faisons sa volonté, non pas à cause des signes, des prodiges, des guérisons nous pourrions réaliser, mais au fait que nous nous aimions les uns les autres !

Lisons ensemble ce texte afin de nous en convaincre : *« Plusieurs me diront en ce jour-là, Seigneur, Seigneur, n'avons-nous pas prophétisé par ton nom ? N'avons-nous pas chassé des démons par ton nom ? Et n'avons-nous pas fait beaucoup de miracles par ton nom ? Alors je leur dirai ouvertement, je ne vous ai jamais connus, retirez-vous de moi, vous qui commettez l'iniquité ».* [57]

Toutes ces manifestations de puissance ne prouvent pas que vous soyez disciples de Christ, mais seulement que Dieu est fidèle à sa parole et qu'il est plein de compassion.

---

[56] Jean 13 : 34&35 :
[57] Matthieu 7: 22& 23

Et elles ne convaincront pas forcément non plus les personnes de l'évangile que vous prêchez.

« À la vue de ce que Paul avait fait, la foule éleva la voix, et dit en langue laconienne, les dieux sous une forme humaine sont descendus vers nous. Ils appelaient Barnabas Jupiter, et Paul Mercure, parce que c'était lui qui portait la parole. Le prêtre de Jupiter, dont le temple était à l'entrée de la ville, amena des taureaux avec des bandelettes vers les portes, et voulait, de même que la foule, offrir un sacrifice ».[58]

La seule chose qui témoignera réellement de notre appartenance à Christ aux yeux du monde, c'est l'amour que nous sommes en mesure de manifester non seulement à l'égard des autres, mais aussi envers nos ennemis.

Quand Christ nous dit : *« Je vous donne un commandement nouveau ! »*, Il ne nous parle pas d'une bonne idée, d'une option. Ce n'est pas non plus le fruit d'une intuition. C'est un commandement ! Nous nous devons cet amour les uns aux autres !

« Ne devez rien à personne, si ce n'est de vous aimer les uns les autres ; car celui qui aime les autres a accompli la loi ».[59]

Lorsque nous sommes dans l'assemblée des frères, nous nous devons de l'amour les uns aux autres. Vous êtes en droit, selon la bible, de réclamer à votre voisin le dimanche matin au culte, de vous donner cet amour. De la même façon que vous n'avez en aucun droit de le lui refuser !

Si nous voulons marcher par l'esprit, comme nous ne cessons de le déclarer, il faut que nous arrêtions de jouer à l'église et que nous devenions l'église.

---

[58] Actes 14 : 11 à 13
[59] Romains 13 : 8

J'aime beaucoup cette question qu'un homme a posée un jour à Jésus : *« Maître, quel est le plus grand commandement de la loi ? Jésus lui répondit : tu aimeras le Seigneur, ton Dieu, de tout ton cœur, de toute ton âme, et de toute ta pensée. C'est le premier et le plus grand commandement. Et voici le second, qui lui est semblable : tu aimeras ton prochain comme toi-même. De ces deux commandements dépendent toute la loi et les prophètes ».*

En utilisant l'expression : *« Et voici le second, qui lui est semblable »* Christ met sur un même niveau le fait d'aimer Dieu de toute notre force, de toute notre âme, et de toutes nos pensées et celui d'aimer son prochain ![60]

Mais qui est donc ce fameux « prochain » que nous devons aimer comme nous-même ? Dans l'hébreu biblique, la racine du mot « prochain » est le verbe voir. Dans cette optique, mon prochain est « celui que je vois ». Si je te vois, tu es mon prochain !

Donc je dois cet amour à chaque personne sur cette terre que je peux voir !

Mes amis, autant nous entraîner dès aujourd'hui à nous aimer les uns les autres, car demain, ce sont les gens du monde, les pécheurs et les tortionnaires de chrétiens qui viendront vous réclamer leur dû !

Car Jésus nous déclare :

« Mais moi, je vous dis, aimez vos ennemis, bénissez ceux qui vous maudissent, faites du bien à ceux qui vous haïssent, et priez pour ceux qui vous maltraitent et qui vous persécutent… »[61]

---

[60] Matthieu 22 : 36 à 40

[61] Matthieu 5 : 44

Je me souviendrais toujours du témoignage de Corrie Ten Boom, confrontée au tortionnaire nazi de sa famille, et qui choisit de pardonner et d'aimer.

Elle déclara à ce sujet : *« J'étais figée, le cœur glacé, mais le pardon est un acte volontaire, et la volonté peut s'exercer, quelle que soit la température du cœur ».*

Dans une situation telle que celle-ci, nous découvrons si nous sommes le corps de Christ ou si nous jouons seulement à l'église.

Si nous écoutons nos sentiments, nous ne serons pas en mesure d'aimer, car nous donnons à notre âme l'autorité sur notre vie. Mais l'amour dont il est question ici ne peut trouver sa source dans nos sentiments, pour la bonne raison qu'il ne s'agit pas d'un sentiment, mais du Fruit de l'Esprit. *« Mais le fruit de l'Esprit, c'est l'amour, la joie, la paix, la patience, la bonté, la bienveillance, la foi, la douceur, la maîtrise de soi ».*[62]

Nos sentiments sont produits par notre âme, alors que cet Amour est produit par notre relation avec Dieu ! Nous ne serons capables de manifester cet amour que si nous sommes dans une relation véritablement étroite avec celui qui nous permet de porter ce genre de fruits :

« Je suis le cep, vous êtes les sarments. Celui qui demeure en moi et en qui je demeure porte beaucoup de fruit, car sans moi vous ne pouvez rien faire ».[63]

Si nous voulons être en mesure de donner cet amour aux gens du monde, il nous faut donc faire de notre relation avec Dieu une priorité !

---

[62] Galate 5 : 22
[63] Jean 15:5

Mais il va aussi falloir le désirer ardemment tout comme Paul nous encourage à le faire quand il nous montre la voie par excellence : *« Aspirez aux dons les meilleurs. Je vais encore vous montrer la voie par excellence. Si je parle les langues des hommes, et même celles des anges, mais que je n'ai pas l'amour, je suis un cuivre qui résonne ou une cymbale qui retentit. Si j'ai le don de prophétie, la compréhension de tous les mystères et toute la connaissance, si j'ai même toute la foi jusqu'à transporter des montagnes, mais que je n'ai pas l'amour, je ne suis rien. Et si je distribue tous mes biens aux pauvres, si même je livre mon corps aux flammes, mais que je n'ai pas l'amour, cela ne me sert à rien. L'amour est patient, il est plein de bonté ; l'amour n'est pas envieux ; l'amour ne se vante pas, il ne s'enfle pas d'orgueil, il ne fait rien de malhonnête, il ne cherche pas son intérêt, il ne s'irrite pas, il ne soupçonne pas le mal, il ne se réjouit pas de l'injustice, mais il se réjouit de la vérité ; il pardonne tout, il croit tout, il espère tout, il supporte tout ».* [64]

---

[64] 1 Corinthiens 12 : 31 à 13 : 7

Conclusion

Humble et inspiré(e).

« On t'a fait connaître ce que ton Dieu attend de toi ».[65]

Connaître ce que Dieu attend de nous devrait bel et bien être une priorité pour chacun de ses enfants-serviteurs. Il n'est pas suffisant d'être enfant ni suffisant d'être serviteur. Il faut savoir à la fois qui nous sommes et ce que nous devons faire pour pouvoir servir efficacement Dieu et faire sa volonté. Pour cela nous ne pouvons pas faire l'impasse sur le fait d'aspirer aux dons les meilleurs,[66] comme Paul nous encourage à le faire. *« Recherchez l'amour. Aspirez aussi aux dons spirituels… »*

Cela est non seulement agréable à Dieu, mais nécessaire au bon fonctionnement du corps de Christ et de notre propre vie.

« Aspirer » est in mot très intéressant. Il fait appel à la notion physique (respiration) tout autant qu'à la notion spirituelle (être inspiré par l'Esprit)[67].

C'est la même notion que nous retrouvons dans le fait que Dieu souffla son Esprit dans l'être humain qu'Il venait

---

[65] Michée 6 : 8

[66] 1 Corinthiens 14 : 1

[67] Les Grecs appelant πνεῦμα, et les Latins *spiritus*, c'est-à-dire souffle, ce que nous appelons *aspiration* ou inspiration.

de façonner, ou encore lorsque Jésus «souffle» sur ses disciples.[68]

Dans la notion de respiration, nous voyons l'absolue nécessité de l'aspiration pour la vie.

Paul nous invite donc à rechercher les dons en comprenant que cela est vital pour notre vie. Être inspiré par Dieu n'est pas une «option» pour les chrétiens engagés, mais le seul moyen d'avoir une vie spirituelle.

Cependant, il nous met en garde de nous enorgueillir de ces dons. Ils vous sont donnés pour l'édification du corps, pas comme «faire valoir» pour une gloriole personnelle.

Revenons en conclusion sur ce verset de Michée.

« On t'a fait connaître, ô homme, ce qui est bien et ce que l'Éternel demande de toi.

C'est que tu pratiques la justice, que tu aimes la miséricorde et que tu marches humblement avec ton Dieu ».

---

[68] Jean 20 : 22

Table des matières